Scorreggiare Meglio: Segreti Nascosti

Dominare l'arte dell'emissione peto perfetto e il controllo delle scorreggie per brillare in ogni contesto sociale

Di Elio Puzzetti

Sommario

CAPITOLO 1: INTRODUZIONE ALL'ARTE DELLA FLATULENZA

1.1 Storia e percezione culturale delle scorreggie

L'arte della flatulenza, spesso considerata un argomento tabù, è in realtà intrisa di una storia ricca e variegata che riflette le molteplici sfaccettature delle culture umane. La percezione delle scorreggie ha attraversato una straordinaria evoluzione nel corso dei secoli, variando enormemente da una società all'altra.

Nelle antiche civiltà, come quella egizia e quella greca, la flatulenza era spesso accettata con una dose di umorismo e normalità. Ad esempio, nelle opere di Aristofane, un noto commediografo greco, le scorreggie erano frequentemente utilizzate come strumento comico, riflettendo la natura aperta e talvolta giocosa con cui la società di allora affrontava il tema. Questo atteggiamento si ritrova anche in alcune culture indigene, dove la flatulenza è considerata una parte naturale della vita, senza stigma né vergogna.

Tuttavia, con l'avvento dell'epoca vittoriana e l'ascesa di rigide norme sociali, la percezione della flatulenza subì un drastico cambiamento. In questo periodo, la flatulenza divenne un argomento imbarazzante, spesso associato a maleducazione e indecenza. Questa visione si protrasse per molti anni, influenzando profondamente le norme sociali occidentali e creando un ambiente in cui la flatulenza era qualcosa da nascondere e di cui vergognarsi.

Nonostante questo, la flatulenza ha sempre mantenuto un ruolo significativo in vari aspetti della cultura popolare. Nella letteratura, nel cinema e nella televisione, le scorreggie sono spesso impiegate come elemento comico, dimostrando che, nonostante le norme sociali, rimane una parte universale e intrinsecamente umoristica della condizione umana. Questo uso dell'umorismo può essere interpretato come un mezzo per alleggerire l'imbarazzo associato alla flatulenza, permettendo alle persone di affrontare il tema in modo più aperto e rilassato.

Oggi, stiamo assistendo a un lento ma costante cambiamento nelle percezioni culturali riguardo alla flatulenza. Con l'aumento dell'interesse per la salute e il benessere, insieme a una maggiore apertura nelle discussioni su argomenti un tempo considerati tabù, stiamo iniziando a riconoscere l'importanza di comprendere e accettare la flatulenza come parte naturale della nostra fisiologia. Questo cambiamento di atteggiamento è fondamentale non solo per una maggiore accettazione sociale, ma anche per promuovere una migliore comprensione della salute intestinale.

In conclusione, la storia della percezione culturale delle scorreggie è un esempio affascinante di come le norme sociali e culturali possano influenzare la nostra comprensione e accettazione di un fenomeno naturale. Mentre procediamo nel libro, esploreremo ulteriormente come questa comprensione sia fondamentale per imparare a controllare e gestire la flatulenza in modo discreto e abile, migliorando il nostro benessere e le nostre relazioni sociali.

Dopo aver esplorato la storia e la percezione culturale delle scorreggie, è essenziale approfondire i benefici fisiologici della flatulenza, un aspetto spesso trascurato o misconosciuto. La flatulenza, oltre a essere un fenomeno naturale, svolge funzioni cruciali per il benessere del nostro organismo.

Prima di tutto, è importante comprendere che la flatulenza è un indicatore di salute del sistema digestivo. La produzione di gas è un sottoprodotto naturale della digestione, in particolare della fermentazione dei cibi da parte della flora batterica nel colon. Questi gas, principalmente costituiti da azoto, ossigeno, anidride carbonica, idrogeno e metano, sono il risultato dell'elaborazione di alimenti non completamente digeriti nello stomaco e nell'intestino tenue. La presenza di certi gas, come l'idrogeno e il metano, può anche fornire indicazioni sulla composizione della flora intestinale e sul suo stato di salute.

Un aspetto fondamentale della flatulenza è la sua capacità di rivelare intolleranze alimentari o problemi digestivi. Per esempio, un aumento insolito nella frequenza o nell'odore delle scorreggie può segnalare intolleranze a latticini, glutine o altri alimenti. In questo modo, la flatulenza funge da campanello d'allarme, suggerendo la necessità di prestare maggiore attenzione alla propria dieta o di consultare un medico per indagini più approfondite.

La flatulenza ha anche un ruolo nell'alleviare il disagio addominale. Il rilascio di gas è un meccanismo naturale per ridurre la pressione all'interno dell'intestino, evitando problemi come gonfiore, dolore o crampi. Inoltre, la capacità di scorreggiare liberamente, senza costrizioni o vergogna, è legata a un maggiore comfort fisico e a una diminuzione dello stress psicologico associato al trattenere i gas.

Un altro aspetto interessante è il ruolo della flatulenza nella regolazione del microbioma intestinale. Il microbioma, costituito da miliardi di batteri benefici, è essenziale per la digestione, l'assorbimento dei nutrienti e la protezione contro agenti patogeni. La composizione dei gas rilasciati può fornire indizi sulla salute del microbioma, offrendo un feedback prezioso sulla qualità della dieta e sulla salute generale.

Inoltre, la ricerca scientifica sta iniziando a esplorare i potenziali benefici di specifici componenti dei gas intestinali. Ad esempio, alcuni studi suggeriscono che piccole quantità di idrogeno solforato – uno dei componenti che contribuiscono all'odore delle scorreggie – potrebbero avere effetti protettivi sulle cellule dell'intestino.

Questi benefici fisiologici della flatulenza evidenziano la sua importanza non solo come fenomeno naturale ma anche come fattore chiave nella manutenzione della salute intestinale.

Dopo aver esaminato i benefici fisiologici della flatulenza, è fondamentale riconoscere e accettare la flatulenza come un fenomeno naturale e universale, intrinseco all'esperienza umana. Questa accettazione è un passo cruciale per superare le barriere sociali e psicologiche che circondano il tema.

La flatulenza è un processo biologico comune a tutti gli esseri umani, indipendentemente dall'età, dal genere o dalla cultura. È il risultato di funzioni corporee essenziali e svolge un ruolo vitale nella salute del nostro sistema digestivo, come già accennato. La produzione di gas è una conseguenza inevitabile della digestione, specialmente della fermentazione dei carboidrati da parte dei batteri intestinali. Questo processo è universale, un aspetto normale e salutare della fisiologia umana.

Tuttavia, nonostante la sua universalità, la flatulenza è spesso avvolta in un velo di imbarazzo e stigmatizzazione. Questo disagio sociale nasce da una lunga storia di norme culturali che hanno etichettato la flatulenza come inappropriata o vergognosa. In realtà, la capacità di scorreggiare liberamente e senza vergogna è un indicatore di un sistema digestivo sano e funzionante. Inoltre, la variazione nella frequenza, nel volume e nell'odore delle scorreggie può fornire preziosi indizi sulla nostra salute e sul benessere del sistema digestivo.

Accettare la flatulenza come un fenomeno naturale richiede un cambiamento di prospettiva. È importante educare e sensibilizzare sul fatto che scorreggiare è una funzione corporea naturale, simile al respirare o al battere del cuore. Questa normalizzazione può aiutare a ridurre l'imbarazzo e promuovere una maggiore apertura nelle discussioni sulla salute intestinale.

La flatulenza è anche un grande equalizzatore umano, qualcosa che tutti esperiscono, indipendentemente dallo status sociale, dalla ricchezza o dall'istruzione. Questa universalità può fungere da ponte per la comprensione e l'empatia, permettendoci di connetterci gli uni con gli altri su un piano più umano e autentico.

Inoltre, la comprensione della flatulenza come fenomeno naturale e universale è fondamentale per promuovere una visione olistica della salute. Riconoscendo e accettando la flatulenza nel contesto più ampio della salute fisica e mentale, possiamo iniziare a trattarla con l'attenzione e il rispetto che merita.

Proseguendo la nostra esplorazione dell'arte della flatulenza, è importante delineare chiaramente lo scopo e la struttura di questo libro. L'obiettivo è fornire una comprensione olistica e senza pregiudizi della flatulenza, unendo prospettive scientifiche, storiche e culturali per sfatare miti e tabù.

Lo scopo principale di "Scorreggiare Meglio: Segreti Nascosti" è di educare e informare i lettori su un aspetto della vita umana che, nonostante la sua universalità, è spesso ignorato o malinteso. Questo libro si propone di trattare la flatulenza non solo come un fenomeno fisiologico, ma anche come un elemento di significativa rilevanza culturale e sociale. Attraverso un'analisi dettagliata, aspiriamo a normalizzare la conversazione sulla flatulenza, mostrandola come una funzione corporea naturale e necessaria, e non come un soggetto di imbarazzo o vergogna.

La struttura del libro è pensata per guidare il lettore attraverso un percorso di scoperta e comprensione. Iniziando con un'esplorazione storica e culturale delle scorreggie (capitoli 1 e 2), esaminiamo come diverse culture hanno percepito e gestito questo fenomeno nel corso dei secoli. Questo contesto storico-culturali fornisce una base solida per comprendere le nostre attuali norme e atteggiamenti.

Proseguendo, il libro si addentra negli aspetti scientifici e fisiologici della flatulenza (capitoli 3 e 4). Qui, vengono discussi dettagliatamente i processi biologici che generano il gas intestinale, l'influenza della dieta sulla composizione e l'odore dei gas, e il ruolo della flatulenza nella salute intestinale. Questa sezione mira a fornire una comprensione scientifica solida e basata su fatti, sottolineando l'importanza di un approccio informato e consapevole.

Nei capitoli successivi, il libro esplora le implicazioni sociali e psicologiche della flatulenza, affrontando come la flatulenza influenzi le nostre interazioni sociali e la nostra autopercezione. Vengono forniti consigli pratici su come gestire situazioni imbarazzanti e su come utilizzare l'umorismo per alleggerire l'atmosfera, trasformando potenziali momenti di disagio in opportunità di connessione e comprensione reciproca.

Infine, il libro si conclude con una riflessione sul futuro della flatulenza nella cultura e nella scienza, esplorando come l'evoluzione delle conoscenze e delle attitudini possa influenzare la nostra relazione con questo fenomeno naturale.

Nel contesto di "Scorreggiare Meglio: Segreti Nascosti", è cruciale affrontare l'ultimo punto del primo capitolo, ovvero la necessità di rompere il tabù che circonda la flatulenza. Dopo aver stabilito lo scopo e la struttura del libro, questo segmento si concentra sull'importanza di parlare apertamente di un fenomeno tanto naturale quanto malinteso.

Il tabù sulla flatulenza è radicato profondamente nelle norme sociali e culturali, tanto da influenzare negativamente la nostra percezione di questo fenomeno fisiologico. Rompere questo tabù è essenziale non solo per una comprensione più profonda e scientifica della flatulenza, ma anche per promuovere il benessere psicologico e sociale.

Discutere apertamente della flatulenza ha molteplici benefici. Innanzitutto, favorisce una maggiore consapevolezza della salute intestinale. Molte persone evitano di parlare o di chiedere consiglio su questioni relative alla flatulenza, anche quando sperimentano disagio o sintomi preoccupanti. Questo silenzio può impedire la diagnosi precoce e il trattamento di condizioni mediche sottostanti. Creando un ambiente in cui la flatulenza può essere discussa senza vergogna, incoraggiamo le persone a prestare maggiore attenzione alla loro salute intestinale e a cercare assistenza medica quando necessario.

In secondo luogo, rompere il tabù aiuta a normalizzare questo fenomeno universale, riducendo l'imbarazzo e lo stress psicologico associati. Molte situazioni sociali imbarazzanti derivano dalla percezione negativa della flatulenza. Cambiando questa percezione, possiamo ridurre l'ansia e il disagio che molte persone sperimentano, promuovendo un atteggiamento più rilassato e accettante.

Inoltre, discutere della flatulenza può avere un impatto educativo significativo, specialmente per i più giovani. Educare i bambini sul fatto che la flatulenza è un processo naturale e salutare aiuta a prevenire lo sviluppo di imbarazzo o vergogna e favorisce un approccio più sano e aperto alle funzioni corporee.

Questo dialogo aperto e senza pregiudizi è anche un modo per costruire una società più inclusiva e tollerante. Quando si parla di flatulenza senza vergogna o giudizio, si promuove un senso di accettazione e normalità riguardo alle diverse funzioni corporee, contribuendo a creare un ambiente più accogliente per tutti.

In conclusione, rompere il tabù sulla flatulenza non è solo una questione di superare una barriera sociale, ma è anche un passo fondamentale verso una maggiore comprensione e accettazione di noi stessi come esseri umani.

CAPITOLO 2: COMPRENDERE IL PROCESSO FISIOLOGICO

2.1 Anatomia del sistema digestivo e produzione di gas

Dopo aver esplorato nel capitolo precedente l'importanza di rompere il tabù sulla flatulenza e perché parlarne è fondamentale, nel secondo capitolo ci immergiamo nell'anatomia del sistema digestivo e nella produzione di gas, gettando le basi per una comprensione approfondita del processo fisiologico alla base della flatulenza.

Il sistema digestivo umano è una complessa rete di organi incaricati di trasformare il cibo in nutrienti, i quali vengono poi assorbiti dal corpo per il sostentamento. Questo processo inizia nella bocca, dove il cibo viene masticato e mescolato con la saliva per iniziare la decomposizione. Prosegue poi nello stomaco, dove gli enzimi e gli acidi ulteriormente degradano il cibo, preparandolo per l'intestino tenue.

Nell'intestino tenue, il cibo parzialmente digerito viene scomposto ulteriormente, con l'assorbimento dei nutrienti che avviene attraverso le pareti intestinali. È qui che inizia la produzione di gas come sottoprodotto della digestione. Gli alimenti che non vengono completamente digeriti nello stomaco o nell'intestino tenue passano quindi nel colon (o intestino crasso), dove subiscono il processo finale di decomposizione.

Il colon è l'habitat di una ricca flora batterica, parte essenziale del microbioma intestinale. Questi batteri svolgono un ruolo cruciale nel processo digestivo, aiutando a scomporre i residui alimentari che non sono stati digeriti nelle fasi precedenti. Durante questo processo, i batteri producono gas come sottoprodotto. I gas prodotti includono principalmente idrogeno, anidride carbonica e, in minor misura, metano. Questi gas si accumulano nell'intestino, causando la sensazione di gonfiore e la necessità di rilasciare la pressione attraverso la flatulenza.

La quantità e il tipo di gas prodotti dipendono significativamente dalla dieta individuale e dalla specifica composizione del microbioma intestinale di ciascuna persona. Alcuni alimenti, come i legumi, i cereali integrali, i latticini e alcuni tipi di verdure, sono noti per aumentare la produzione di gas a causa della loro elevata concentrazione di carboidrati complessi, che sono più difficili da digerire.

È importante notare che la produzione di gas è un segno di un sistema digestivo sano e funzionante. I gas sono un indicatore che il corpo sta lavorando per decomporre il cibo e assorbire i nutrienti. Tuttavia, un'eccessiva produzione di gas può essere sintomo di problemi digestivi, come intolleranze alimentari o disbiosi intestinale, che esploreremo in dettaglio nel prossimo punto, dove analizzeremo i diversi tipi di gas e il loro impatto sulla salute e sul benessere.

In conclusione, comprendere l'anatomia del sistema digestivo e il processo di produzione dei gas ci fornisce una base solida per affrontare con maggiore conoscenza e consapevolezza il fenomeno della flatulenza. Questa comprensione è essenziale per demistificare la flatulenza e per promuovere un approccio più informato e meno prevenuto nei confronti di questo naturale processo fisiologico.

2.2 I diversi tipi di gas e il loro impatto

Dopo aver esplorato l'anatomia del sistema digestivo e la produzione di gas, è cruciale comprendere i diversi tipi di gas prodotti durante la digestione e il loro impatto sul corpo umano. Questa comprensione ci permette di valutare come la dieta e altri fattori influenzino la composizione dei gas intestinali.

Il gas intestinale è una miscela di diverse sostanze, le cui proporzioni variano a seconda della dieta, della flora batterica e della salute generale dell'individuo. I principali componenti del gas intestinale includono azoto, ossigeno, anidride carbonica, idrogeno e, in una percentuale minore, metano e idrogeno solforato. Ogni gas ha un ruolo specifico e può indicare diversi aspetti della digestione.

L'azoto e l'ossigeno sono i componenti principali dell'aria che ingeriamo mentre mangiamo o beviamo. Non sono prodotti dal corpo, ma possono accumularsi nell'intestino e contribuire al volume totale del gas.

L'anidride carbonica è prodotta quando l'acido dello stomaco reagisce con il bicarbonato nel pancreas. La sua presenza in grandi quantità può essere indicativa di un rapido passaggio del cibo dallo stomaco all'intestino, situazione che può verificarsi in caso di indigestione.

L'idrogeno e il metano sono i prodotti della fermentazione dei carboidrati da parte dei batteri intestinali. Una produzione eccessiva di questi gas può indicare che grandi quantità di carboidrati non sono stati adeguatamente digeriti nello stomaco e nell'intestino tenue, finendo nel colon dove vengono fermentati dai batteri. Questo può essere un segno di intolleranze alimentari o di una dieta ricca di carboidrati fermentabili.

L'idrogeno solforato, responsabile del caratteristico odore sgradevole associato alla flatulenza, è anch'esso un prodotto della fermentazione batterica. La sua presenza in quantità elevate può essere legata al consumo di alimenti ricchi di solfuri, come cavoli, broccoli e carne.

È importante sottolineare che la presenza e la quantità di questi gas nel tratto digestivo sono normali e fanno parte del processo digestivo sano. Tuttavia, variazioni significative nella produzione di questi gas possono essere un segnale di squilibri nel sistema digestivo. Ad esempio, una produzione eccessiva di idrogeno e metano può essere associata a condizioni come la sindrome dell'intestino irritabile o la crescita batterica eccessiva nell'intestino tenue.

Approfondiremo ulteriormente l'impatto della dieta sulla composizione dei gas intestinali, esplorando come diversi alimenti possano influenzare la qualità e la quantità del gas prodotto. Questa conoscenza è fondamentale per capire come possiamo modificare la nostra dieta per gestire meglio la flatulenza e mantenere un sistema digestivo sano.

Proseguendo l'analisi iniziata sui diversi tipi di gas e il loro impatto, ci concentreremo sull'influenza diretta che la dieta ha sulla composizione dei gas intestinali. La comprensione di come diversi alimenti influenzino la produzione di gas è fondamentale per gestire e migliorare la salute del nostro sistema digestivo.

La dieta gioca un ruolo cruciale nel determinare la quantità e il tipo di gas prodotti dal nostro sistema digestivo. Alcuni alimenti sono noti per aumentare la produzione di gas a causa della loro composizione chimica o della difficoltà nell'essere digeriti completamente da parte del corpo.

Carboidrati fermentabili: Alimenti ricchi in carboidrati fermentabili, come legumi, cereali integrali, alcuni tipi di verdure (come cavolfiori, broccoli, cipolle), e frutti (come mele e pere), sono spesso difficili da digerire completamente nello stomaco e nell'intestino tenue. Questi alimenti raggiungono quindi il colon, dove sono fermentati dai batteri, producendo gas come idrogeno e metano. Anche se possono causare flatulenza, questi alimenti sono importanti per la salute intestinale e dovrebbero essere consumati in modo equilibrato.

Latticini: Per le persone con intolleranza al lattosio, i prodotti lattiero-caseari possono causare un aumento della produzione di gas. L'intolleranza al lattosio si verifica quando il corpo non produce abbastanza dell'enzima lattasi, necessario per digerire il lattosio, lo zucchero presente nel latte. Quando il lattosio non digerito raggiunge il colon, viene fermentato dai batteri, producendo gas e causando gonfiore e crampi.

Alimenti ad alto contenuto di zuccheri e dolcificanti artificiali: Zuccheri come sorbitolo, mannitolo e xilitolo, spesso utilizzati come dolcificanti in caramelle e gomme senza zucchero, possono causare un aumento della produzione di gas. Questi zuccheri non vengono completamente assorbiti nell'intestino tenue e, una volta raggiunto il colon, vengono fermentati dai batteri.

Cibi grassi: Alimenti ad alto contenuto di grassi possono rallentare lo svuotamento gastrico, portando a un maggior tempo di fermentazione nel colon e quindi a un aumento della produzione di gas.

In aggiunta agli alimenti specifici, anche il modo in cui mangiamo influisce sulla produzione di gas. Mangiare velocemente, parlare mentre si mangia o bere utilizzando una cannuccia può aumentare la quantità di aria ingerita, che poi si traduce in un aumento del gas nello stomaco.

L'importanza di una dieta equilibrata e personalizzata è quindi fondamentale. Modificare la propria alimentazione, introducendo gradualmente alimenti ricchi di fibre e riducendo quelli che causano disturbi, può aiutare a gestire la produzione di gas. Inoltre, una dieta varia e bilanciata favorisce una flora intestinale sana, che sarà oggetto di approfondimento nel punto successivo, dove esamineremo la relazione tra flatulenza e salute intestinale.

Capire come la dieta influenzi la composizione dei gas ci permette non solo di gestire meglio la flatulenza, ma anche di adottare scelte alimentari che sostengono la nostra salute generale e il benessere del sistema digestivo.

.

Dopo aver esaminato l'influenza della dieta sulla composizione dei gas, è fondamentale esplorare il rapporto tra la flatulenza e la salute intestinale. La produzione di gas non è solo un fenomeno fisiologico, ma può anche essere un indicatore importante dello stato di salute del nostro sistema digestivo.

La flatulenza è spesso percepita negativamente, ma in realtà, è un segnale normale di un intestino che funziona correttamente. I gas intestinali sono il risultato della digestione e della fermentazione dei cibi da parte dei batteri nel colon. Una quantità moderata di gas è un indicatore di un intestino sano e di una flora batterica equilibrata. Tuttavia, cambiamenti nella frequenza, nel volume, o nell'odore del gas possono fornire indizi importanti su varie condizioni di salute.

Indicatori di Salute Intestinale:

1. **Equilibrio del Microbioma Intestinale:** Un microbioma sano è essenziale per la digestione efficace, l'assorbimento dei nutrienti e la protezione contro i patogeni. La varietà e l'equilibrio dei batteri intestinali influenzano la produzione di gas. Un aumento o una diminuzione significativa nella produzione di gas

può indicare uno squilibrio del microbioma, noto come disbiosi intestinale.

2. **Segnali di Disturbi Digestivi:** Condizioni come la sindrome dell'intestino irritabile (IBS), la malattia di Crohn, la colite ulcerosa e la malassorbimento possono alterare la frequenza e la consistenza della flatulenza. Un'analisi attenta di questi segnali può aiutare nella diagnosi precoce e nella gestione di tali disturbi.

3. **Intolleranze Alimentari:** Una produzione eccessiva di gas può essere un indicatore di intolleranze alimentari, come quella al lattosio o al glutine. In questi casi, il corpo non riesce a digerire correttamente certi componenti alimentari, portando a una fermentazione eccessiva e alla produzione di gas.

4. **Effetto della Dieta:** Come visto nel punto 2.3, la dieta gioca un ruolo significativo nella salute intestinale. Una dieta ricca di fibre alimenta la flora batterica benefica, mentre una dieta povera di fibre può portare a una diminuzione della diversità batterica e a un aumento dei problemi di flatulenza.

Gestire la Flatulenza per una Salute Intestinale Ottimale:

La gestione della flatulenza è un aspetto importante per il mantenimento della salute intestinale. Modificare la dieta per includere una varietà di cibi ricchi di fibre, come frutta, verdura e cereali integrali, può migliorare la salute del microbioma. L'assunzione regolare di probiotici, attraverso alimenti fermentati o integratori, può anche contribuire a riequilibrare la flora intestinale. Inoltre, è importante prestare attenzione alla velocità con cui si mangia e alla masticazione, poiché inghiottire aria in eccesso può aumentare la produzione di gas.

In conclusione, la flatulenza non è solo un fenomeno naturale, ma può anche essere un indicatore prezioso della salute intestinale. Comprendere e monitorare la propria flatulenza può aiutare a identificare potenziali problemi di salute e a fare scelte alimentari che promuovano un intestino sano.

2.5 Mitigare problemi di flatulenza: consigli pratici

Dopo aver esaminato il rapporto tra flatulenza e salute intestinale, è essenziale offrire consigli pratici per mitigare i problemi di flatulenza. Questi suggerimenti non solo contribuiranno a ridurre i disagi associati alla produzione eccessiva di gas, ma saranno anche un ponte verso il prossimo, dove esploreremo gli alimenti specifici che influenzano la flatulenza.

1. Adeguare la Dieta:

- **Introduzione Graduale di Fibre:** Aumentare l'assunzione di fibre può migliorare la salute intestinale, ma è importante farlo gradualmente. Un aumento troppo rapido può causare gonfiore e gas eccessivi.

- **Ridurre Alimenti Provocatori:** Alcuni alimenti sono noti per aumentare la produzione di gas, come legumi, alcuni vegetali (cavolfiori, broccoli), latticini (per chi soffre di intolleranza al lattosio) e alimenti ricchi di fruttosio o sorbitolo.

- **Cucinare Bene i Legumi:** I legumi possono essere meno provocatori se ben cotti e se ammollati prima della cottura.

- **Equilibrio tra Diversi Gruppi Alimentari:** Una dieta varia può aiutare a bilanciare la flora intestinale e ridurre la flatulenza.

2. Tecniche di Alimentazione:

- **Mangiare Lentamente:** Mangiare in fretta può far ingerire aria in eccesso, che contribuisce alla formazione di gas. Prendersi il tempo per masticare bene il cibo può ridurre questo problema.

- **Evitare di Parlare Mentre si Mangia:** Parlare durante il pasto può aumentare l'ingestione di aria.

3. Stile di Vita e Abitudini Alimentari:

- **Esercizio Fisico Regolare:** L'attività fisica regolare può aiutare a stimolare la digestione e ridurre la stitichezza, contribuendo così a ridurre la flatulenza.

- **Evitare le Bevande Gassate:** Le bibite gassate possono aumentare la quantità di aria inghiottita.

- **Limitare il Consumo di Alcol:** Alcune bevande alcoliche possono aggravare la produzione di gas.

4. Integratori e Probiotici:

- **Integratori Digestivi:** Enzimi digestivi e integratori come il carbone attivo possono aiutare in alcuni casi a ridurre la flatulenza.

- **Probiotici:** I probiotici possono aiutare a riequilibrare la flora intestinale e migliorare la digestione.

5. Monitoraggio e Adattamento:

- **Diario Alimentare:** Tenere traccia di ciò che si mangia può aiutare a identificare gli alimenti che causano problemi.

- **Ascoltare il Proprio Corpo:** Ognuno ha una reazione unica agli alimenti; ciò che provoca flatulenza in una persona potrebbe non avere lo stesso effetto in un'altra.

Questi consigli pratici non solo aiutano a mitigare i problemi di flatulenza, ma sono anche fondamentali per promuovere una salute intestinale ottimale. Approfondiremo ulteriormente l'effetto degli alimenti specifici sulla produzione di gas. Questo ci permetterà di comprendere meglio come modificare la dieta per ridurre gli episodi di flatulenza e migliorare la qualità della vita.

CAPITOLO 3: DIETA E FLATULENZA

3.1 Alimenti che influenzano la flatulenza

Dopo aver fornito consigli pratici su come mitigare i problemi di flatulenza, è importante esaminare più dettagliatamente gli alimenti specifici che influenzano la flatulenza. Questa comprensione approfondita ci guiderà verso il punto successivo, dove esploreremo le strategie dietetiche per ridurre gli odori sgradevoli associati alla flatulenza.

Alimenti Ricchi di Carboidrati Fermentabili:

- **Legumi:** Fagioli, lenticchie e ceci sono noti per il loro alto contenuto di fibra e carboidrati complessi che possono causare gas. La fermentazione di questi carboidrati da parte dei batteri intestinali produce gas.

- **Verdure Crucifere:** Cavoli, broccoli, cavolfiori e simili contengono raffinosio e solfato, che possono essere fermentati dai batteri intestinali, aumentando la produzione di gas.

- **Cereali Integrali:** Alimenti come il frumento e l'orzo, ricchi di fibra, possono anch'essi contribuire alla produzione di gas a causa della loro fermentazione nel colon.

Frutta e Dolcificanti:

- **Frutta ad Alto Contenuto di Fruttosio:** Mele, pere e pesche possono causare gas in persone sensibili al fruttosio.

- **Dolcificanti Artificiali:** Sorbitolo e xilitolo, usati in molte gomme da masticare e dolciumi senza zucchero, possono causare un aumento della flatulenza in quanto non vengono completamente assorbiti dall'intestino tenue.

Latticini:

- **Intolleranza al Lattosio:** Persone con carenza dell'enzima lattasi possono sperimentare un aumento della flatulenza quando consumano prodotti lattiero-caseari, a causa della fermentazione del lattosio non digerito.

Alimenti Ricchi di Grassi:

- **Cibi Grassi e Fritti:** Possono rallentare lo svuotamento dello stomaco e aumentare la sensazione di pienezza, portando a più gas durante la digestione.

Considerazioni Dietetiche:

- **Equilibrio Alimentare:** È importante mantenere un equilibrio tra i diversi gruppi alimentari. Nonostante alcuni alimenti possano causare gas, essi contengono nutrienti essenziali per la salute.

- **Varietà:** Introdurre una varietà di alimenti può aiutare a stabilire quale cibo specifico causa problemi di flatulenza.

- **Porzioni Moderati:** Mangiare porzioni più piccole di alimenti noti per causare gas può aiutare a ridurre i sintomi.

L'identificazione degli alimenti che influenzano la flatulenza è un processo personale e può variare significativamente da individuo a individuo. L'osservazione e l'adattamento della dieta in base alle reazioni personali sono cruciali. Ci concentreremo su come la dieta può essere utilizzata non solo per ridurre la quantità di gas prodotto, ma anche per influenzare la sua qualità, in particolare riguardo alla riduzione degli odori sgradevoli. Questa comprensione ci permetterà di adottare strategie dietetiche mirate per un migliore controllo della flatulenza.

Abbiamo esaminato gli alimenti che influenzano la flatulenza, ora ci concentreremo sulle strategie dietetiche specifiche per ridurre gli odori sgradevoli associati alla flatulenza.

1. Comprendere la Fonte degli Odori:

- Gli odori sgradevoli della flatulenza sono principalmente dovuti alla presenza di composti solforati, prodotti dalla fermentazione di alcuni tipi di cibo da parte dei batteri intestinali. Alimenti come carne, uova, e alcune verdure (cavolfiori, broccoli, cavoli) sono ricchi di solfuri e possono aumentare l'intensità dell'odore.

2. Ridurre Alimenti Ricchi di Solfuri:

- Limitare il consumo di alimenti ad alto contenuto di solfuri può aiutare a ridurre l'odore delle scorreggie. Tuttavia, questi alimenti sono spesso ricchi di nutrienti, quindi la loro eliminazione completa non è consigliata.

3. Incrementare la Fibra Solubile:

- Alimenti con alta fibra solubile, come avena, mele, e banane, possono aiutare a assorbire i gas e ridurre gli odori. La fibra solubile agisce come un prebiotico, nutrendo i batteri benefici nell'intestino e promuovendo una flora intestinale sana.

4. Introduzione di Alimenti Deodoranti:

- Alcuni alimenti hanno proprietà naturali deodoranti e possono aiutare a neutralizzare gli odori. Ad esempio, lo yogurt e il kefir, che contengono probiotici, possono bilanciare la flora intestinale e ridurre la produzione di gas maleodoranti. Le erbe fresche come prezzemolo, menta e coriandolo possono anche contribuire a ridurre gli odori.

5. Aumentare l'Assunzione di Liquidi:

- Bere molta acqua può aiutare a diluire i composti solforati e facilitare la digestione, riducendo potenzialmente gli odori sgradevoli.

6. Ridurre il Consumo di Alcol e Caffè:

- Alcol e caffè possono alterare la flora intestinale e aumentare la produzione di gas maleodorante. Limitare il loro consumo può essere utile.

7. Evitare Cibi Fritti e Grassi:

- Alimenti fritti e grassi possono rallentare la digestione e aumentare la fermentazione nel colon, portando a un aumento degli odori.

8. Bilanciare l'Assunzione di Proteine:

- Le diete ad alto contenuto proteico, specialmente quelle ricche in proteine animali, possono aumentare gli odori della flatulenza. Bilanciare l'assunzione di proteine con altre fonti di nutrienti può aiutare a mitigare questo effetto.

Attraverso questi adattamenti dietetici, è possibile non solo ridurre la frequenza della flatulenza, ma anche controllare in una certa misura la sua qualità, in particolare in termini di odore.

3.3 Integratori e probiotici: alleati o nemici?

Procedendo dalla discussione sulle strategie dietetiche, esploreremo il ruolo degli integratori e dei probiotici nella gestione della flatulenza, preparando il terreno per il successivo punto, che tratterà le storie di successo legate ai cambiamenti dietetici.

Integratori Digestivi:

- **Enzimi Digestivi:** Gli integratori contenenti enzimi digestivi, come la lattasi per chi soffre di intolleranza al lattosio o l'alfa-galattosidasi per aiutare nella digestione dei legumi, possono ridurre la produzione di gas. Questi enzimi facilitano la decomposizione di certi nutrienti nel tratto digestivo superiore, prevenendo la loro fermentazione nel colon.
- **Carbone Attivo:** Utilizzato talvolta per ridurre il gonfiore e i gas, il carbone attivo assorbe i gas in eccesso nel tratto digestivo. Tuttavia, è importante usarlo con cautela, poiché può interferire con l'assorbimento di alcuni farmaci e nutrienti.

Probiotici:

- **Equilibrio della Flora Intestinale:** I probiotici, presenti in alimenti fermentati come yogurt, kefir, kimchi, e in integratori, possono aiutare a riequilibrare la flora intestinale. Un microbioma sano ed equilibrato è fondamentale per una digestione efficiente e può ridurre la produzione di gas.
- **Specie Batteriche Specifiche:** Alcune specie di probiotici, come Lactobacillus e Bifidobacterium, sono state associate a una riduzione dei sintomi di gonfiore e gas. È importante scegliere probiotici di qualità e, possibilmente, sotto consiglio di un professionista della salute.

Considerazioni sull'Uso di Integratori e Probiotici:

- **Reazioni Individuali:** La reazione agli integratori e ai probiotici può variare notevolmente da persona a persona. Alcuni possono sperimentare miglioramenti, mentre altri potrebbero non notare differenze significative.
- **Integrazione Graduale:** Introdurre probiotici gradualmente nella dieta è consigliabile, poiché un inizio troppo brusco può causare temporaneamente un aumento del gas e del gonfiore.

- **Consultazione Medica:** Prima di iniziare qualsiasi regime di integratori, è consigliabile consultare un medico, in particolare per individui con condizioni di salute preesistenti o che assumono altri farmaci.

Altri Integratori:

- **Prebiotici:** I prebiotici, fibre che nutrono i batteri benefici nell'intestino, possono essere utili. Tuttavia, come per i probiotici, la loro introduzione dovrebbe essere graduale per evitare un aumento iniziale del gas intestinale.

Bilanciamento con la Dieta:

- Nonostante i potenziali benefici degli integratori e dei probiotici, è essenziale ricordare che dovrebbero essere usati come complemento, non come sostituti, di una dieta equilibrata e sana.

Esamineremo storie di successo che illustrano come modifiche mirate alla dieta e l'uso di integratori e probiotici abbiano aiutato individui a gestire efficacemente la loro flatulenza, fornendo così esempi concreti e ispirazione per chi cerca di migliorare la propria salute intestinale e benessere generale.

3.4 Storie di successo: cambiamenti dietetici e loro effetti

Dopo aver esplorato il ruolo degli integratori e dei probiotici, ci dedicheremo a storie di successo che illustrano come cambiamenti dietetici mirati possano avere un impatto significativo sulla gestione della flatulenza.

Caso di Studio 1: Intolleranza al Lattosio

- **Problema:** Marco, 35 anni, ha sperimentato gonfiore e flatulenza eccessiva dopo aver consumato latticini.

- **Soluzione:** Dopo aver consultato un nutrizionista, Marco ha ridotto significativamente i latticini nella sua dieta e ha iniziato a utilizzare alternative senza lattosio e integratori di lattasi quando consumava prodotti lattiero-caseari.

- **Risultato:** Marco ha notato una riduzione drastica del gonfiore e della flatulenza, migliorando la sua qualità di vita e il suo comfort quotidiano.

Caso di Studio 2: Dieta Ricca di Fibre

- **Problema:** Lisa, 28 anni, soffriva di flatulenza e disturbi intestinali dovuti a una dieta povera di fibre.

- **Soluzione:** Lisa ha introdotto gradualmente più frutta, verdura e cereali integrali nella sua dieta, incrementando l'assunzione di fibre in modo controllato.

- **Risultato:** La regolarità intestinale di Lisa è migliorata, con una riduzione significativa della flatulenza e un aumento generale del benessere.

Caso di Studio 3: Equilibrio della Dieta

- **Problema:** Giorgio, 40 anni, seguiva una dieta ad alto contenuto proteico che causava flatulenza e disagio.

- **Soluzione:** Giorgio ha riequilibrato la sua dieta includendo una varietà di fonti di carboidrati complessi e riducendo il consumo di proteine animali.

- **Risultato:** La flatulenza di Giorgio è diminuita notevolmente, e ha sperimentato un aumento dell'energia e della concentrazione.

Caso di Studio 4: Riduzione degli Alimenti Provocatori

- **Problema:** Sofia, 32 anni, aveva frequenti episodi di flatulenza a causa del consumo di alimenti noti per causare gas, come legumi e cavoli.

- **Soluzione:** Ha iniziato a cucinare i legumi con metodi che ne riducono il contenuto di gas e ha limitato il consumo di verdure crucifere, sostituendole con altre verdure.

- **Risultato:** Sofia ha registrato una riduzione della flatulenza e una migliore tolleranza agli alimenti precedentemente problematici.

Queste storie mostrano come i cambiamenti dietetici possano avere un impatto significativo sulla gestione della flatulenza e sul benessere generale. Ogni caso evidenzia l'importanza di un approccio personalizzato, tenendo conto delle esigenze e delle reazioni individuali.

Svilupperemo un modello per elaborare un piano alimentare personalizzato, combinando le lezioni apprese da queste storie di successo con principi nutrizionali solidi. Questo piano aiuterà i lettori a identificare e implementare modifiche dietetiche specifiche per il loro stile di vita e le loro esigenze, promuovendo una gestione efficace della flatulenza e un miglioramento complessivo della salute intestinale.

3.5 Elaborare un piano alimentare personalizzato

Un piano alimentare personalizzato per la gestione della flatulenza deve considerare diversi aspetti, tra cui le preferenze individuali, le sensibilità alimentari, lo stile di vita e gli obiettivi di salute. Ecco come strutturarlo:

1. Valutazione Iniziale:

- **Storia Alimentare e Stile di Vita:** Registrare le abitudini alimentari attuali, incluso il tipo di alimenti consumati regolarmente, il ritmo dei pasti e lo stile di vita (es. livelli di attività fisica, orari di lavoro).
- **Identificazione di Alimenti Problematici:** Utilizzare un diario alimentare per identificare gli alimenti che causano flatulenza o altri disagi digestivi.

2. Introduzione Graduale di Cambiamenti:

- **Modificare la Dieta Progressivamente:** Iniziare con piccoli cambiamenti, come la riduzione degli alimenti ricchi di solfuri o l'introduzione di fibre solubili, per permettere al corpo di adattarsi.
- **Bilanciamento dei Macronutrienti:** Assicurarsi che la dieta sia equilibrata in termini di proteine,

carboidrati e grassi, adattando le proporzioni in base alle reazioni individuali.

3. Integrazione di Alimenti Benefici:

- **Probiotici e Prebiotici:** Includere alimenti ricchi di probiotici (yogurt, kefir, kimchi) e prebiotici (aglio, cipolla, asparagi) per supportare la flora intestinale.
- **Alimenti Ad Alto Contenuto di Fibre:** Integrare gradualmente frutta, verdura e cereali integrali per migliorare la digestione e la regolarità intestinale.

4. Monitoraggio e Adattamento:

- **Valutazione Continua:** Monitorare regolarmente l'impatto dei cambiamenti dietetici e essere pronti a fare ulteriori aggiustamenti in base ai risultati e al benessere generale.
- **Ascoltare il Proprio Corpo:** Prestare attenzione ai segnali del corpo e alle reazioni agli alimenti introdotti o eliminati dalla dieta.

5. Consigli Pratici per i Pasti:

- **Mangiare Lentamente:** Ridurre l'ingestione di aria masticando lentamente e evitando di parlare mentre si mangia.
- **Porzioni Moderati:** Consumare porzioni più piccole per evitare l'ingestione eccessiva di cibo, che può aumentare la flatulenza.

6. Consultazione con Professionisti della Salute:

- **Supporto Professionale:** Considerare la consulenza di un dietista o nutrizionista per sviluppare e monitorare il piano alimentare, soprattutto in caso di condizioni mediche sottostanti o di esigenze dietetiche specifiche.

Questo piano alimentare personalizzato non solo aiuta a gestire la flatulenza, ma promuove anche una salute intestinale ottimale. Con una dieta attentamente bilanciata e adattata alle esigenze individuali, è possibile ridurre significativamente i disagi legati alla flatulenza.

CAPITOLO 4: CONTROLLO E GESTIONE

4.1 Tecniche di controllo dei gas intestinali

Il controllo dei gas intestinali non si limita solo a ciò che mangiamo, ma include anche come gestiamo fisicamente e mentalmente il processo di flatulenza. Ecco alcune tecniche efficaci:

1. Tecniche di Respirazione:

- **Respirazione Profonda:** Praticare la respirazione diaframmatica può aiutare a rilassare i muscoli addominali e facilitare il passaggio dei gas.

- **Respirazione Controllata:** Durante episodi di gas eccessivi, concentrarsi su una respirazione lenta e controllata può aiutare a gestire la sensazione di gonfiore e a ridurre il disagio.

2. Posizioni Corpo e Movimento:

- **Cambiare Posizioni:** Alcune posizioni, come piegarsi in avanti o accovacciarsi, possono aiutare a liberare i gas intrappolati.

- **Movimento Leggero:** Camminare o fare esercizio leggero dopo i pasti può stimolare il movimento intestinale e facilitare la liberazione dei gas.

3. Tecniche di Rilassamento:

- **Meditazione e Mindfulness:** La meditazione e la mindfulness possono ridurre lo stress, che è spesso un fattore contribuente alla produzione eccessiva di gas e a problemi digestivi.

- **Rilassamento Muscolare Progressivo:** Questa tecnica, che coinvolge il rilassamento sistematico dei diversi gruppi muscolari, può aiutare a ridurre la tensione addominale.

4. Tecniche Comportamentali:

- **Evitare l'Ingestione di Aria:** Essere consapevoli di abitudini come masticare gomme, bere con cannucce, o parlare mentre si mangia, che possono aumentare l'ingestione di aria.

- **Gestire l'Ansia:** L'ansia può contribuire alla flatulenza e alla sensazione di gonfiore; praticare tecniche di gestione dell'ansia può aiutare a ridurre questi sintomi.

5. Ascoltare il Proprio Corpo:

- **Riconoscere i Segnali:** Prestare attenzione ai segnali del corpo relativi alla necessità di rilasciare i gas e trovare momenti e luoghi appropriati per farlo, riducendo l'ansia e il disagio sociale.

6. Consigli Pratici:

- **Routine Notturna:** Alcune persone trovano utile avere una routine serale che include tecniche di rilassamento e leggeri esercizi di stretching per gestire la flatulenza notturna.

7. Consultazione Professionale:

- In caso di problemi persistenti o gravi, è consigliabile consultare un medico o un terapista specializzato per esplorare ulteriori strategie e escludere eventuali condizioni mediche sottostanti.

Queste tecniche di controllo dei gas intestinali possono essere estremamente utili nel gestire la flatulenza quotidiana.

4.2 Esercizi per rafforzare il controllo muscolare

Proseguendo dalla discussione sulle tecniche di controllo dei gas intestinali in, ci focalizzeremo su esercizi specifici per rafforzare il controllo muscolare, in particolare nell'area addominale, per una gestione ottimale della flatulenza.

Importanza del Controllo Muscolare:

- Il controllo dei muscoli addominali e del pavimento pelvico è fondamentale nella gestione della flatulenza. Esercizi mirati possono migliorare la capacità di controllare consapevolmente il rilascio dei gas, riducendo episodi imbarazzanti e aumentando la fiducia in se stessi.

1. Esercizi di Kegel:

- **Descrizione:** Gli esercizi di Kegel coinvolgono la contrazione e il rilassamento dei muscoli del pavimento pelvico, utili per migliorare il controllo degli sfinteri.

- **Pratica:** Contrarre i muscoli del pavimento pelvico per 3-5 secondi, quindi rilassarli per lo stesso intervallo di tempo. Ripetere per 10-15 cicli, diverse volte al giorno.

2. Esercizi Addominali:

- **Plank:** Mantenere la posizione del plank aiuta a rafforzare l'intero nucleo addominale, migliorando il controllo sui gas.

- **Crunches:** I crunches, eseguiti correttamente, rafforzano i muscoli addominali superiori, contribuendo a un maggior controllo.

3. Yoga e Pilates:

- **Posizioni Specifiche:** Alcune posizioni yoga, come Pavanamuktasana (posizione della liberazione dei venti) e Balasana (posizione del bambino), possono essere particolarmente utili nel rilassare l'addome e facilitare il rilascio di gas.

- **Pilates:** Il Pilates, concentrato sulla forza del core e sulla consapevolezza del corpo, può essere efficace nel migliorare il controllo muscolare generale.

4. Respirazione Diaframmatica:

- **Pratica:** Esercitarsi nella respirazione diaframmatica non solo riduce lo stress, ma rafforza anche i muscoli intorno al diaframma, favorendo un miglior controllo addominale.

5. Esercizi di Stretching:

- **Stretching Addominale:** Fare stretching regolarmente può migliorare la flessibilità e il controllo dei muscoli addominali, facilitando la gestione dei gas.

6. Routine Regolare:

- **Consistenza:** Integrare questi esercizi in una routine quotidiana o settimanale per risultati ottimali.

- **Progressione:** Iniziare gradualmente e aumentare l'intensità o la durata degli esercizi con il tempo.

7. Ascolto del Corpo e Modifiche:

- **Sensazioni e Reazioni:** Prestare attenzione a come il corpo reagisce agli esercizi e adattarli secondo le necessità individuali.

8. Consultazione Professionale:

- In caso di problemi specifici o per personalizzare ulteriormente il programma di esercizi, consultare un fisioterapista o un istruttore di fitness qualificato.

Questi esercizi, focalizzati sul rafforzamento e sul controllo muscolare, possono essere strumenti potenti nella gestione della flatulenza.

4.3 Strategie per gestire situazioni impreviste

La gestione efficace delle situazioni impreviste di flatulenza richiede una combinazione di preparazione, consapevolezza e strategie pratiche. Ecco alcune tecniche utili:

1. Preparazione:

- **Dieta Attenta:** Se previsti eventi sociali o riunioni importanti, evitare temporaneamente cibi che si sa causino flatulenza.

- **Carbone Attivo:** Considerare l'uso di integratori di carbone attivo prima di eventi sociali per ridurre odore e quantità di gas.

2. Strategie Immediate:

- **Scuse Educate:** Se colti di sorpresa in un contesto sociale, una scusa educata e discreta può essere sufficiente. La maggior parte delle persone comprende che si tratta di un fenomeno naturale.

- **Allontanamento Temporaneo:** Se possibile, scusarsi e allontanarsi temporaneamente per gestire la situazione in privato.

3. Controllo della Situazione:

- **Respirazione Profonda:** Usare tecniche di respirazione profonda per calmarsi e rilassare i muscoli addominali, che possono aiutare a controllare temporaneamente la situazione.

- **Distrazione:** Cambiare posizione o spostarsi può talvolta aiutare a 'distribuire' i gas e ridurne l'impatto.

4. Consapevolezza del Corpo:

- **Riconoscere i Segnali Premonitori:** Imparare a riconoscere i segnali del proprio corpo può aiutare a prevedere e gestire situazioni imbarazzanti.

- **Praticare il Controllo:** Utilizzare le tecniche di controllo muscolare apprese per ritardare la flatulenza fino a un momento più opportuno.

5. Uso dell'Umorismo:

- **Alleggerire la Situazione:** In alcuni contesti, usare un po' di umorismo può trasformare un momento potenzialmente imbarazzante in un'esperienza più leggera e gestibile.

6. Attitudine Mentale:

- **Accettazione:** Accettare che la flatulenza è una parte naturale della vita umana può aiutare a ridurre l'ansia e lo stress associati a questi momenti.

- **Evitare l'Auto-Critica:** Essere troppo critici con se stessi per un fenomeno naturale e involontario può aumentare lo stress e l'ansia.

7. Suggerimenti Pratici:

- **Abiti Comodi:** Indossare abiti che non siano troppo stretti attorno all'addome può aiutare a ridurre la pressione e facilitare il controllo dei gas.

8. Gestione a Lungo Termine:

- **Piano Alimentare e Esercizi:** Continuare a seguire un piano alimentare equilibrato e a praticare esercizi per il controllo muscolare per una gestione a lungo termine.

4.4 Uso di prodotti per la gestione dei gas

Nella gestione quotidiana della flatulenza, oltre alle strategie dietetiche e comportamentali, esistono diversi prodotti che possono fornire un aiuto pratico e discreto. Ecco una panoramica di alcune opzioni:

1. Indumenti Specializzati:

- **Biancheria Intima Filtrante:** Esistono mutande con filtri in carbonio incorporati, progettate per assorbire e neutralizzare gli odori dei gas. Questi indumenti sono utili in situazioni sociali o lavorative dove il controllo dell'odore è particolarmente importante.

- **Abbigliamento Comodo:** Indossare abiti che non comprimano eccessivamente l'addome può aiutare a ridurre la pressione e facilitare il rilascio naturale dei gas.

2. Filtri e Copri-sedili:

- **Filtri da Seduta:** Disponibili come inserti discreti per sedie o seggiolini auto, questi filtri utilizzano materiali come il carbone attivo per neutralizzare gli odori.

- **Copri-sedili Igienici:** Alcuni copri-sedili includono strati filtranti che possono essere usati in ufficio o in auto per gestire discretamente gli odori.

3. Integratori e Prodotti Alimentari:

- **Bevande e Alimenti Funzionali:** Alcuni prodotti come tè o snack includono ingredienti naturali noti per ridurre la formazione di gas o neutralizzare gli odori.

- **Supplementi Digestivi:** Prodotti come l'enzima alfa-galattosidasi (per la digestione dei legumi) o la simeticone (per ridurre il gonfiore) possono essere utili prima dei pasti.

4. Prodotti Topici:

- **Creme e Oli Essenziali:** Alcune creme o oli essenziali, applicati sull'addome, possono aiutare a rilassare i muscoli e facilitare la digestione, riducendo potenzialmente la formazione di gas.

5. Tecnologie Emergenti:

- **App e Dispositivi di Monitoraggio:** Alcune tecnologie emergenti includono app e dispositivi indossabili che tracciano le abitudini alimentari e i modelli di flatulenza, fornendo feedback e consigli personalizzati.

6. Considerazioni sull'Uso dei Prodotti:

- **Personalizzazione:** Scegliere prodotti in base alle proprie esigenze specifiche e alle situazioni in cui si prevede di utilizzarli.

- **Discrezione e Comfort:** Considerare fattori come il comfort e la discrezione nell'uso di questi prodotti.

7. Test e Valutazione:

- **Sperimentare con Cautela:** Testare nuovi prodotti gradualmente per valutare la loro efficacia e l'eventuale presenza di effetti collaterali.

8. Integrazione con Altre Strategie:

- **Approccio Olistico:** Utilizzare questi prodotti in combinazione con le strategie dietetiche, esercizi e tecniche comportamentali già discusse per una gestione completa della flatulenza.

La flatulenza, pur essendo un fenomeno naturale, può a volte essere un segnale di problemi di salute sottostanti che richiedono attenzione medica. Ecco alcune situazioni in cui è consigliabile consultare un professionista sanitario:

1. Cambiamenti Improvvisi nei Modelli di Flatulenza:

- Se si verifica un cambiamento improvviso nella frequenza, nel volume o nell'odore della flatulenza, specialmente se accompagnato da altri sintomi, può essere indicativo di una condizione medica.

2. Dolore o Discomfort Addominale:

- Dolore, gonfiore eccessivo, crampi o disagio persistente possono essere segni di disturbi intestinali, come sindrome dell'intestino irritabile, malattia infiammatoria intestinale, o intolleranze alimentari.

3. Altri Sintomi Digestivi:

- Sintomi come stitichezza, diarrea, sangue nelle feci o una sensazione di evacuazione incompleta dovrebbero essere valutati da un medico.

4. Intolleranze Alimentari e Allergie:

- Se si sospetta un'intolleranza o un'allergia alimentare (come al lattosio o al glutine), è importante ottenere una diagnosi accurata e consigli su come gestire la dieta.

5. Effetti sulla Qualità della Vita:

- Quando la flatulenza inizia a influire significativamente sulla qualità della vita, limitando le attività quotidiane o causando ansia e disagio sociale, può essere utile consultare un professionista.

6. Valutazione Globale della Salute:

- Una valutazione medica può aiutare a escludere o diagnosticare condizioni come infezioni intestinali, squilibri del microbioma o altre patologie gastrointestinali.

7. Approccio Integrato:

- Un medico può offrire un approccio integrato alla gestione della flatulenza, combinando consigli dietetici, modifiche dello stile di vita, e possibilmente farmaci, per affrontare la causa sottostante del problema.

8. Monitoraggio e Follow-Up:

- È importante monitorare la propria salute e fare controlli regolari, specialmente se sono stati prescritti trattamenti o modifiche alla dieta.

9. Scelta del Professionista Giusto:

- A seconda dei sintomi, potrebbe essere utile consultare un gastroenterologo, un dietista, o un medico di medicina generale.

CAPITOLO 5: FLATULENZA NELLE RELAZIONI SOCIALI

5.1 Affrontare l'imbarazzo: strategie comunicative

La flatulenza, sebbene sia un fenomeno naturale, può essere fonte di imbarazzo in contesti sociali. Gestire questo imbarazzo richiede un approccio equilibrato che comprenda comunicazione efficace, auto-accettazione e sensibilità verso gli altri. Ecco alcune strategie:

1. Normalizzazione e Educazione:

- **Normalizzare la Conversazione:** Iniziare dialoghi aperti sulla flatulenza e la sua naturalezza può aiutare a ridurre lo stigma. Parlarne in modo informato e maturo può trasformare l'imbarazzo in comprensione.

- **Educazione:** Condividere conoscenze sul perché e su come la flatulenza si verifica può essere utile, specialmente in gruppi vicini o in famiglia.

2. Gestire l'Imbarazzo con Tattica:

- **Reazioni Calibrate:** In caso di episodi di flatulenza, reagire con calma e senza eccessivo allarmismo. Una risposta sproporzionata può aumentare l'imbarazzo.

- **Scuse Educate:** Se appropriato, una semplice scusa può essere sufficiente, senza necessità di spiegazioni eccessive.

3. Uso dell'Umorismo:

- **Alleggerire l'Atmosfera:** In contesti appropriati, l'umorismo può essere un ottimo strumento per ridurre la tensione. Tuttavia, è importante valutare il contesto e le sensibilità degli altri.

4. Consapevolezza del Contesto Sociale:

- **Considerare l'Ambiente:** Essere consapevoli del contesto sociale (ad esempio, una riunione formale rispetto a un incontro informale tra amici) e adattare la risposta di conseguenza.

- **Empatia verso gli Altri:** Riconoscere che, mentre alcuni possono essere a proprio agio con la discussione sulla flatulenza, per altri può essere un argomento delicato.

5. Auto-Accettazione:

- **Accettare la Propria Fisiologia:** Riconoscere che la flatulenza è una funzione corporea normale aiuta a ridurre la propria ansia e imbarazzo.

- **Gestione dell'Ansia:** Tecniche come la respirazione profonda o la mindfulness possono essere utili per gestire l'ansia legata alla flatulenza in situazioni sociali.

6. Scelte Alimentari Consapevoli:

- **Preparazione per Eventi Sociali:** Se previsti eventi sociali importanti, modificare temporaneamente la dieta per ridurre il rischio di episodi imprevisti.

7. Comunicazione Aperta in Relazioni Intime:

- **Dialogo con Partner o Familiari:** In relazioni strette, discutere apertamente della flatulenza può costruire fiducia e comprensione.

Queste strategie non solo aiutano a gestire l'imbarazzo dovuto alla flatulenza, ma possono anche migliorare la qualità delle interazioni sociali.

5.2 *Scorreggiare in pubblico: norme sociali e accettabilità*

La flatulenza in pubblico è spesso vista come un tabù, ma la sua percezione e accettabilità possono variare ampiamente a seconda del contesto culturale, sociale e della situazione specifica. Ecco un'analisi di come viene affrontata in diversi ambienti:

1. Contesti Culturali e Sociali:

- **Diverse Culture:** Alcune culture sono più tolleranti nei confronti della flatulenza rispetto ad altre. In alcune società, può essere vista come un fenomeno naturale e accettato con umorismo, mentre in altre è considerata inappropriata e scortese.

- **Ambienti Familiari e Amichevoli:** In contesti informali come riunioni di famiglia o tra amici, la flatulenza è spesso accettata con maggiore leggerezza e talvolta usata per scherzare.

2. Ambienti Professionali e Pubblici:

- **Luoghi di Lavoro e Eventi Formali:** In ambienti professionali o eventi formali, la flatulenza è generalmente considerata inopportuna e può causare imbarazzo significativo.

- **Strategie di Gestione:** In questi contesti, è importante utilizzare strategie preventive, come modifiche dietetiche o utilizzo di prodotti per la gestione dei gas.

3. Contesti Educativi:

- **Scuole e Università:** La flatulenza in aule o conferenze può essere fonte di imbarazzo, specialmente per gli studenti. La gestione in questi ambienti richiede sensibilità e discrezione.

4. Trasporti Pubblici e Luoghi Affollati:

- **Luoghi Chiusi:** In treni, aerei o autobus, dove le persone sono vicine e gli spazi confinati, la flatulenza può essere particolarmente problematica.

- **Rispetto per gli Altri:** È importante essere consapevoli dell'impatto sulle persone circostanti e cercare di minimizzare l'incidenza e l'odore.

5. Eventi Sportivi e Ricreativi:

- **Ambienti Meno Formali:** In palestre, parchi o durante attività sportive, può esserci una maggiore tolleranza, ma è comunque consigliabile agire con discrezione.

6. Variazioni Individuali:

- **Sensibilità Personale:** Alcune persone possono essere più sensibili o a disagio con la flatulenza rispetto ad altre, quindi è importante considerare la diversità delle reazioni individuali.

7. Comunicazione e Sensibilizzazione:

- **Educazione e Dialogo:** Promuovere conversazioni aperte sull'argomento può aiutare a ridurre lo stigma e a creare ambienti più comprensivi.

In conclusione, la gestione della flatulenza in pubblico richiede una comprensione delle norme sociali, sensibilità culturale e un approccio rispettoso.

5.3 Flatulenza in situazioni intime

La flatulenza in situazioni intime può essere una fonte di imbarazzo, ma anche un'opportunità per costruire onestà e intimità nelle relazioni. Ecco come affrontarla:

1. Comunicazione Aperta:

- **Dialogo Onesto:** In una relazione intima, è importante essere aperti riguardo alla flatulenza. Discutere apertamente di questi argomenti può ridurre l'imbarazzo e rafforzare il legame.

- **Normalizzazione:** Trattare la flatulenza come una parte normale della fisiologia umana aiuta a ridurre la tensione e l'imbarazzo.

2. Gestione Discreta:

- **Momenti e Luoghi Appropriati:** In situazioni intime, trovare momenti e luoghi appropriati per 'rilasciare' può essere un modo rispettoso per gestire la situazione, ad esempio allontanandosi brevemente.

3. Sensibilità e Rispetto:

- **Considerazione per il Partner:** Essere consapevoli e rispettosi dei sentimenti del partner o dei familiari. Ogni persona ha diverse soglie di tolleranza e sensibilità verso la flatulenza.

4. Intimità e Accettazione:

- **Costruzione della Fiducia:** Accettare la flatulenza come parte della vita quotidiana può costruire fiducia e intimità in una relazione, mostrando accettazione reciproca e vulnerabilità.

- **Limiti Personali:** Riconoscere e rispettare i limiti personali e quelli del partner in termini di comfort e apertura verso questi argomenti.

5. Strategie Pratiche:

- **Modifiche Dietetiche:** Se la flatulenza è frequente o particolarmente problematica, considerare modifiche dietetiche o l'uso di prodotti per la gestione dei gas come misura preventiva.

- **Ventilazione:** Mantenere una buona ventilazione nelle stanze comuni per ridurre eventuali disagi.

6. Salute e Benessere:

- **Attenzione alla Salute:** Essere consapevoli che un aumento improvviso o cambiamenti nella flatulenza possono essere indicatori di problemi di salute che necessitano di attenzione medica.

7. Affrontare l'Imbarazzo:

- **Ridurre l'Imbarazzo:** In situazioni in cui la flatulenza avviene, ridurre l'imbarazzo con una risposta calma e misurata, mostrando comprensione e supporto reciproco.

8. Equilibrio tra Serietà e Leggerezza:

Approccio Bilanciato: Mentre è importante trattare il soggetto con maturità, un po' di umorismo e leggerezza può aiutare a mantenere l'atmosfera positiva e rilassata.

5.4 Utilizzare l'umorismo per alleggerire il clima

L'umorismo può essere un potente alleato nel gestire l'imbarazzo causato dalla flatulenza in situazioni sociali. Ecco come può essere utilizzato efficacemente:

1. Ridurre l'Imbarazzo:

- **Leggerezza:** Un approccio leggero e giocoso può trasformare un momento potenzialmente imbarazzante in una situazione più gestibile e meno stressante.

- **Condivisione dell'Esperienza Umana:** L'umorismo può ricordare a tutti che la flatulenza è un'esperienza umana universale e naturale.

2. Uso Appropriato dell'Umorismo:

- **Sensibilità al Contesto:** È importante valutare il contesto e la compagnia prima di usare l'umorismo. Ciò che è appropriato tra amici intimi potrebbe non esserlo in un ambiente di lavoro o con persone che non si conoscono bene.

- **Evitare l'Umorismo Offensivo:** Assicurarsi che le battute o i commenti non siano offensivi o a spese di altri.

3. Creare un Ambiente Accogliente:

- **Rompere il Ghiaccio:** In situazioni dove la flatulenza è inevitabile (ad esempio, durante una cena con amici), un commento umoristico può servire a rompere il ghiaccio e a rendere tutti più a proprio agio.

- **Empatia:** L'umorismo può mostrare empatia e comprensione, specialmente se utilizzato per condividere le proprie esperienze imbarazzanti, dimostrando che non si è soli.

4. Benefici Psicologici:

- **Riduzione dello Stress:** Ridere in risposta alla flatulenza può aiutare a ridurre lo stress e l'ansia legati al fenomeno.

- **Miglioramento del Benessere Sociale:** Un ambiente dove la flatulenza è accettata con umorismo può contribuire a un senso di benessere e appartenenza sociale.

5. Limiti dell'Umorismo:

- **Conoscere i Propri Limiti:** Capire fino a che punto si è a proprio agio con l'umorismo relativo alla flatulenza e rispettare i limiti degli altri.

- **Evitare l'Eccesso:** L'umorismo non dovrebbe mai diventare una copertura per evitare di affrontare problemi di salute seri o per mancare di rispetto agli altri.

6. L'Umorismo Come Strumento di Comunicazione:

- **Facilitare il Dialogo:** L'umorismo può essere un modo per iniziare conversazioni su argomenti altrimenti imbarazzanti, promuovendo una maggiore apertura e comprensione.

In conclusione, l'uso intelligente dell'umorismo può essere un mezzo efficace per gestire le situazioni di flatulenza, trasformandole da momenti di imbarazzo a opportunità di condivisione e legame.

Procedendo dall'uso dell'umorismo per alleggerire il clima, si presentano storie ed esperienze reali che illustrano come diverse persone hanno affrontato e gestito la flatulenza in vari contesti.

Storia 1: In Ufficio

- **Protagonista:** Luca, 30 anni, impiegato.
- **Situazione:** Durante una riunione importante, Luca ha avuto un episodio di flatulenza rumoroso.
- **Gestione:** Inizialmente imbarazzato, Luca ha poi scherzato dicendo: "Ecco un'opinione non richiesta!" La sua capacità di ridere di sé stesso ha alleggerito l'atmosfera, trasformando un momento imbarazzante in uno spunto di leggerezza.

Storia 2: Durante un Appuntamento

- **Protagonista:** Sara, 26 anni, studentessa universitaria.
- **Situazione:** In un appuntamento al cinema, Sara ha avuto un improvviso episodio di flatulenza.

- **Gestione:** Sara ha scelto l'onestà, sussurrando al suo appuntamento: "Mi dispiace, a volte il mio stomaco ha una vita propria." La sua sincerità ha reso l'episodio meno imbarazzante, e il suo appuntamento ha apprezzato la sua apertura.

Storia 3: In Famiglia

- **Protagonista:** Giorgio, 45 anni, padre di due bambini.
- **Situazione:** Durante una cena in famiglia, Giorgio ha avuto un'inesplicabile flatulenza.
- **Gestione:** Invece di ignorare l'accaduto, Giorgio ha usato l'occasione per educare i suoi bambini sul corpo umano, spiegando che la flatulenza è naturale e talvolta inevitabile.

Storia 4: In Palestra

- **Protagonista:** Elisa, 35 anni, appassionata di fitness.
- **Situazione:** Durante un'esercitazione di yoga, Elisa ha avuto un episodio di flatulenza.
- **Gestione:** Essendo in un ambiente dove il corpo è al centro dell'attenzione, Elisa ha semplicemente continuato la sua pratica senza fare commenti. La sua reazione tranquilla ha aiutato gli altri a non sentirsi a disagio.

Storia 5: Tra Amici

- **Protagonista:** Matteo, 20 anni, studente universitario.
- **Situazione:** In un incontro sociale con gli amici, Matteo ha avuto un episodio di flatulenza rumoroso.
- **Gestione:** Matteo e i suoi amici hanno riso dell'accaduto, trasformando l'episodio in un momento divertente e di condivisione.

Queste storie mostrano che, nonostante la flatulenza possa essere imbarazzante, esistono diversi modi per gestirla, a seconda del contesto e della personalità. L'onestà, l'umorismo, l'educazione e la tranquillità possono trasformare questi momenti in opportunità per condividere e normalizzare un'esperienza umana comune.

CAPITOLO 6: L'ASPETTO PSICOLOGICO

6.1 Impatto emotivo e psicologico della flatulenza

Nel contesto sociale odierno, la flatulenza è spesso vista come un tabù, una fonte di imbarazzo o addirittura di vergogna. Questa percezione può avere un impatto significativo sull'equilibrio emotivo e psicologico di una persona, influenzando in modo sostanziale la sua autostima e il benessere generale.

Innanzitutto, è importante riconoscere che la flatulenza è un fenomeno naturale e inevitabile del corpo umano. È il risultato di processi digestivi necessari e vitali per la nostra salute. Tuttavia, la società ha spesso stigmatizzato questo fenomeno naturale, generando una serie di emozioni negative in chi ne è affetto in pubblico.

Uno degli impatti più evidenti è la vergogna. Molte persone si sentono profondamente imbarazzate quando emettono gas in presenza di altri, specialmente in contesti formali o con persone con cui non hanno un legame stretto. Questo sentimento di vergogna è spesso accompagnato da ansia, soprattutto in situazioni sociali, dove la persona si preoccupa costantemente della possibilità di emettere gas involontariamente.

L'ansia sociale legata alla flatulenza può portare a evitare situazioni in cui questo potrebbe accadere, limitando così le interazioni sociali e, in casi estremi, portando all'isolamento. La paura del giudizio altrui può avere un impatto devastante sulla qualità della vita di un individuo.

Inoltre, la flatulenza può influenzare anche le relazioni interpersonali. In molti casi, le persone tendono a nascondere questa loro caratteristica naturale, il che può portare a tensioni e a una mancanza di autenticità nelle relazioni. La difficoltà di parlare apertamente di queste questioni può creare barriere comunicative, impedendo una comprensione e un'accettazione reciproca.

Dal punto di vista psicologico, la costante preoccupazione per la flatulenza può anche alimentare sentimenti di inadeguatezza e bassa autostima. Questo può portare a un ciclo vizioso in cui la persona si sente sempre più insicura e preoccupata, influenzando negativamente la sua salute mentale.

Tuttavia, è essenziale riconoscere che la flatulenza non dovrebbe essere una fonte di vergogna o imbarazzo.

Attraverso l'educazione e una maggiore apertura nella discussione di questi temi, è possibile ridurre lo stigma associato e promuovere una maggiore accettazione di questa funzione corporea naturale. È fondamentale quindi creare un ambiente in cui la flatulenza sia vista come un aspetto normale della salute umana, incoraggiando le persone ad affrontare questi temi con maggiore fiducia e apertura.

Il fenomeno della flatulenza, nonostante sia un processo naturale e universale, è frequentemente fonte di imbarazzo e vergogna. Questo sentimento è profondamente radicato nelle norme sociali e culturali che stigmatizzano le funzioni corporee naturali. Tuttavia, è fondamentale per il benessere psicologico di ogni individuo superare questa vergogna e costruire una fiducia interiore che permetta di affrontare con serenità questo aspetto della vita umana.

In primo luogo, è essenziale comprendere e accettare la flatulenza come parte integrante della fisiologia umana. La demistificazione di questo fenomeno inizia con l'educazione: comprendere le cause, i meccanismi e le funzioni della flatulenza aiuta a normalizzare l'esperienza. La conoscenza scientifica può essere un potente strumento per ridimensionare i pregiudizi e i miti che circondano questo argomento.

La comunicazione aperta gioca un ruolo cruciale nel superare la vergogna. Creare spazi, sia nelle relazioni personali che nel discorso pubblico, dove si può parlare liberamente di flatulenza, contribuisce a una maggiore normalizzazione. Questo include la discussione delle esperienze personali, la condivisione di informazioni e la partecipazione a dialoghi costruttivi che sfidano la percezione negativa del fenomeno.

Un altro passo fondamentale è affrontare direttamente l'imbarazzo. Invece di evitare situazioni in cui la flatulenza potrebbe verificarsi, si può adottare un atteggiamento di accettazione e humor. L'utilizzo dell'umorismo può alleggerire la tensione e trasformare un momento potenzialmente imbarazzante in un'esperienza condivisa e umana.

La costruzione della fiducia in sé stessi è un processo che richiede tempo e pazienza. Imparare a trattare se stessi con gentilezza e comprensione è fondamentale. Riconoscere che la flatulenza non definisce il valore o l'identità di una persona può aiutare a costruire una fiducia più profonda e a ridurre l'ansia legata a questi eventi.

È anche importante ricordare che non si è soli in questa esperienza. La condivisione delle proprie esperienze e l'ascolto di quelle altrui possono creare un senso di comunità e solidarietà. Questo senso di appartenenza può essere incredibilmente rassicurante e aiutare a superare la vergogna.

Inoltre, l'autoriflessione e le tecniche di mindfulness possono essere strumenti efficaci. Essere consapevoli dei propri pensieri e sentimenti riguardo alla flatulenza, e affrontarli con un approccio consapevole e non giudicante, può aiutare a ridurre l'ansia e a sviluppare un rapporto più sano con il proprio corpo.

In conclusione, superare la vergogna legata alla flatulenza e costruire la fiducia non solo migliora la salute mentale e il benessere, ma consente anche di vivere con maggiore autenticità e apertura.

6.3 Flatulenza e salute mentale

L'impatto della flatulenza sulla salute mentale è un aspetto spesso trascurato, ma di vitale importanza. La gestione della flatulenza, oltre a influenzare la nostra salute fisica, può avere un effetto significativo sulla nostra salute mentale. Questo rapporto bidirezionale tra la flatulenza e lo stato psicologico merita una considerazione approfondita, per una comprensione olistica del benessere.

La percezione della flatulenza è fortemente influenzata da fattori culturali e sociali che possono generare stress e ansia. Queste reazioni emotive sono radicate nella paura del giudizio e dell'imbarazzo. Tuttavia, è fondamentale riconoscere che la flatulenza non è solamente una questione fisica, ma anche un fenomeno che interagisce con la nostra psiche.

Studi psicologici hanno dimostrato che il modo in cui gestiamo e percepiamo la flatulenza può influenzare il nostro benessere mentale. L'ansia da flatulenza, ad esempio, può portare a un'evitamento sociale, influenzando negativamente la qualità delle relazioni interpersonali e aumentando il senso di isolamento. In casi estremi, questa ansia può evolversi in fobie specifiche, come la paura di emettere gas in pubblico, che possono limitare gravemente la vita quotidiana di una persona.

D'altra parte, una gestione sana e accettante della flatulenza può avere effetti positivi sulla salute mentale. Accettare la flatulenza come parte naturale della vita riduce lo stress e la preoccupazione, migliorando la qualità della vita. Questa accettazione può essere facilitata attraverso varie strategie, come la terapia cognitivo-comportamentale, che aiuta a cambiare i pensieri negativi legati alla flatulenza e a sviluppare comportamenti più sani.

Inoltre, la pratica della mindfulness può essere particolarmente utile. Essa insegna ad essere presenti nel momento, accettando le esperienze fisiche e mentali senza giudizio. Questo approccio aiuta a sviluppare una relazione più sana con il proprio corpo, inclusa la gestione della flatulenza, e può ridurre significativamente l'ansia correlata.

Il supporto sociale gioca anche un ruolo cruciale. Condividere le proprie esperienze e preoccupazioni con persone fidate può alleviare il senso di isolamento e vergogna. Inoltre, la partecipazione a gruppi di sostegno o comunità online può fornire un ulteriore livello di supporto e comprensione.

Un approccio integrato che consideri sia gli aspetti fisici sia quelli mentali della flatulenza è essenziale. Il benessere mentale non è isolato dalle funzioni corporee; al contrario, c'è una forte interdipendenza tra il corpo e la mente. Questa comprensione olistica è fondamentale per promuovere un approccio sano alla flatulenza.

La mindfulness e l'accettazione sono due concetti fondamentali nella gestione psicologica della flatulenza. Queste tecniche non solo aiutano a migliorare la relazione con il proprio corpo, ma offrono anche strumenti preziosi per affrontare le emozioni e i pensieri negativi che possono emergere in relazione a questo fenomeno naturale. Il loro impiego può portare a una significativa riduzione dell'ansia e a un aumento del benessere generale.

La mindfulness, o consapevolezza piena, è una pratica di autoconsapevolezza che coinvolge la focalizzazione sul presente in modo non giudicante. Applicata alla gestione della flatulenza, la mindfulness incoraggia a osservare le sensazioni fisiche e le reazioni emotive senza cercare di modificarle o sopprimerle. Questo approccio permette di sviluppare una maggiore accettazione delle funzioni corporee e di ridurre la tendenza a reagire in modo eccessivamente emotivo o imbarazzato.

Esercizi di mindfulness possono includere la meditazione focalizzata sul respiro o sulla consapevolezza corporea. Per esempio, praticare la meditazione seduti in un luogo tranquillo, concentrandosi sul respiro e accogliendo senza giudizio le sensazioni corporee può aiutare a normalizzare la flatulenza. Questi esercizi possono essere praticati quotidianamente per aumentare la consapevolezza e la tolleranza verso le funzioni del proprio corpo.

L'accettazione, come parte della mindfulness, implica l'accettazione di sé e delle proprie esperienze corporee. Invece di combattere o vergognarsi della flatulenza, si impara a riconoscerla come una parte naturale dell'esistenza umana. Questo atteggiamento di accettazione aiuta a ridurre la stigmatizzazione interna e la vergogna associata a queste esperienze.

Tecniche di rilassamento come la respirazione profonda e la visualizzazione possono essere utili per gestire l'ansia immediata legata alla flatulenza. Pratiche come lo yoga o il tai chi, che enfatizzano la consapevolezza e il controllo del corpo, possono anche essere utili per migliorare la gestione delle funzioni corporee e ridurre lo stress.

Incorporare la mindfulness nella routine quotidiana non solo aiuta con la gestione della flatulenza, ma ha anche benefici più ampi sulla salute mentale. La pratica regolare può migliorare la concentrazione, ridurre lo stress e promuovere un senso generale di pace e benessere.

6.5 Cultura, società e il loro ruolo nella percezione della flatulenza

La percezione della flatulenza è profondamente radicata in contesti culturali e sociali specifici, che influenzano significativamente il modo in cui le persone vivono e gestiscono questo fenomeno naturale. Esaminare il ruolo della cultura e della società nella percezione della flatulenza è essenziale per comprendere le diverse reazioni emotive e comportamentali ad essa associate. Inoltre, questa comprensione può fungere da ponte per collegare l'accettazione individuale con una visione più ampia del benessere collettivo.

In diverse culture, la flatulenza è vista in modi molto diversi. In alcune società, può essere considerata un segno di buona salute o persino motivo di celebrazione, mentre in altre è fortemente stigmatizzata e associata a vergogna e imbarazzo. Queste diverse prospettive sono spesso il risultato di norme sociali, tradizioni e credenze religiose. Comprendere queste differenze culturali è fondamentale per affrontare il modo in cui la flatulenza è percepita e gestita a livello globale.

In molte società occidentali, la flatulenza è spesso oggetto di imbarazzo e umorismo. Questa dualità riflette un conflitto intrinseco tra la natura umana e le aspettative sociali. Da un lato, l'umorismo può servire come un meccanismo di difesa per alleggerire l'imbarazzo, ma dall'altro può anche rafforzare la stigmatizzazione, rendendo più difficile parlarne apertamente e seriamente.

La stigmatizzazione sociale della flatulenza può avere implicazioni significative sulla salute mentale. Quando le persone sentono che non possono esprimere aspetti naturali del loro corpo senza giudizio, possono sviluppare sentimenti di ansia, vergogna e insicurezza. Questa pressione può essere particolarmente intensa in ambienti di lavoro o in situazioni sociali dove c'è un forte enfasi sull'etichetta e la presentabilità.

I media e la letteratura hanno spesso rafforzato questi stigmi, ritraendo la flatulenza in modi che oscillano tra il grottesco e il comico. È importante sfidare questi stereotipi e promuovere rappresentazioni più equilibrate e realistiche. Questo cambiamento può contribuire a normalizzare la conversazione sulla flatulenza, riducendo la vergogna e l'isolamento che molte persone provano.

La promozione di un dialogo aperto e rispettoso in famiglie, scuole e luoghi di lavoro è un passo fondamentale verso la destigmatizzazione della flatulenza. Educazione e sensibilizzazione possono aiutare a rompere il ciclo di vergogna e imbarazzo, incoraggiando una visione più accettante e comprensiva.

In conclusione, la cultura e la società svolgono un ruolo cruciale nella modellazione delle percezioni e delle reazioni alla flatulenza. Superare le barriere culturali e sociali e promuovere un ambiente di apertura e accettazione è fondamentale per il benessere individuale e collettivo.

CAPITOLO 7: FLATULENZA E BENESSERE

7.1. Collegamento tra flatulenza e benessere generale

La flatulenza, spesso trascurata o oggetto di imbarazzo nelle conversazioni quotidiane, è in realtà un indicatore significativo del benessere generale di un individuo. Questa funzione naturale del corpo può fornire preziose informazioni sullo stato di salute fisica e mentale, evidenziando l'interconnessione tra i diversi aspetti del benessere umano. Esplorare questo collegamento è fondamentale per comprendere come la gestione efficace della flatulenza possa contribuire a un miglioramento complessivo della salute e della qualità della vita.

Dal punto di vista fisico, la flatulenza è un processo naturale associato alla digestione. La frequenza, l'odore e la consistenza del gas possono essere indicatori della salute del sistema digestivo. Ad esempio, variazioni nella flatulenza possono segnalare intolleranze alimentari, squilibri nella flora intestinale o problemi di digestione. In questo senso, prestare attenzione alla propria flatulenza può essere un primo passo per identificare e risolvere potenziali problemi di salute.

Oltre agli aspetti fisici, la flatulenza ha anche un impatto significativo sul benessere psicologico. Come discusso nei capitoli precedenti, la gestione della flatulenza e le reazioni emotive ad essa possono influenzare l'autostima, la salute mentale e le interazioni sociali. La vergogna o l'imbarazzo legati alla flatulenza possono portare a stress e ansia, soprattutto in situazioni sociali, influenzando negativamente la qualità della vita. Al contrario, un approccio sano e accettante verso la flatulenza può contribuire a un senso di benessere e autostima.

In termini di salute emotiva, la flatulenza può essere un barometro del livello di stress e ansia. Lo stress può influenzare il sistema digestivo e viceversa, creando un ciclo in cui problemi digestivi possono intensificare lo stress, e lo stress può aggravare i problemi digestivi. Rompere questo ciclo richiede un approccio olistico che tenga conto sia della salute fisica sia di quella mentale.

L'autoaccettazione gioca un ruolo chiave in questo processo. Riconoscere e accettare la flatulenza come una funzione corporea normale e naturale può aiutare a ridurre l'ansia e lo stress associati ad essa. Inoltre, approcci come la mindfulness e la meditazione possono aiutare a gestire lo stress e a promuovere una maggiore consapevolezza corporea.

Un'alimentazione equilibrata e un'adeguata idratazione sono anch'essi aspetti cruciali nella gestione della flatulenza e, di conseguenza, del benessere generale. Una dieta ricca di fibre, con un giusto equilibrio di carboidrati, proteine e grassi, può aiutare a regolare la digestione e ridurre i problemi di flatulenza. Inoltre, l'assunzione regolare di probiotici e prebiotici può favorire una flora intestinale sana, migliorando sia la digestione sia il benessere generale.

7.2. Flatulenza come indicatore di salute

La flatulenza, sebbene spesso vista come un argomento imbarazzante o di poco conto, può effettivamente fungere da importante indicatore di salute. Essa offre spunti preziosi sulla funzionalità del sistema digestivo e, più in generale, sullo stato di salute di un individuo. Esaminare i vari aspetti della flatulenza, come la frequenza, l'odore, e la composizione, può aiutare a identificare potenziali problemi di salute e a monitorare l'efficacia di cambiamenti dietetici o di stili di vita.

La frequenza della flatulenza è uno degli indicatori più evidenti. Sebbene ci sia una variazione normale nella frequenza del gas intestinale tra gli individui, un aumento improvviso o una diminuzione significativa possono essere segnali di cambiamenti nella salute intestinale. Per esempio, un aumento della frequenza della flatulenza può essere legato a intolleranze alimentari, come quelle al lattosio o al glutine, o a condizioni come la sindrome dell'intestino irritabile. D'altra parte, una riduzione improvvisa può indicare problemi come una ridotta motilità intestinale.

L'odore della flatulenza, pur essendo un argomento delicato, è un altro indicatore significativo. Un cambiamento marcato nell'odore può essere segno di alterazioni nella flora intestinale o di una dieta squilibrata. Alcuni alimenti, come quelli ricchi di zolfo (come cavoli, broccoli, e carne rossa), possono causare un odore più forte. Tuttavia, se l'odore diventa particolarmente sgradevole e persistente, potrebbe essere un segno di un problema di salute che necessita attenzione.

La composizione del gas, pur essendo più difficile da valutare senza test specifici, può anche fornire informazioni utili. Una quantità eccessiva di gas può essere prodotta a causa di una digestione incompleta dei carboidrati, suggerendo la necessità di regolare l'alimentazione o di valutare la presenza di disturbi digestivi.

È importante sottolineare che i cambiamenti nella flatulenza dovrebbero essere valutati nel contesto di altri sintomi e abitudini di vita. Ad esempio, la combinazione di flatulenza eccessiva, dolore addominale e cambiamenti nelle abitudini intestinali potrebbe richiedere una valutazione medica per escludere condizioni come la malattia celiaca o la colite.

Una considerazione attenta della propria flatulenza, dunque, non dovrebbe essere motivo di imbarazzo, ma piuttosto un aspetto importante dell'autocura e della prevenzione. Incoraggiare un dialogo aperto e informato su questo argomento può aiutare a rompere il tabù e promuovere un approccio più proattivo alla salute.

Nel contesto di una comprensione olistica della salute, abbracciare la flatulenza come una funzione naturale del corpo è un passo fondamentale verso una vita più sana. Questo approccio non solo normalizza un fenomeno fisico comunemente stigmatizzato, ma offre anche l'opportunità di essere più consapevoli e attenti alla propria salute fisica e mentale. In questo senso, accettare e comprendere la flatulenza può diventare un catalizzatore per promuovere scelte di vita più salutari e consapevoli.

Innanzitutto, abbracciare la flatulenza implica un ascolto attento e una comprensione del proprio corpo. Monitorare la frequenza, l'odore, e la consistenza della flatulenza può fornire indizi importanti sullo stato di salute del sistema digestivo. Questa consapevolezza può stimolare a indagare più a fondo eventuali problemi di salute sottostanti e a cercare consigli medici se necessario.

La dieta gioca un ruolo cruciale in questo contesto. Alimenti che promuovono una sana digestione e una flora intestinale equilibrata possono ridurre la frequenza e l'intensità della flatulenza. Una dieta ricca di fibre, provenienti da frutta, verdura, cereali integrali, e legumi, può migliorare la motilità intestinale e la salute generale del tratto digestivo. Allo stesso tempo, è importante essere consapevoli di come certi alimenti possano influenzare individualmente la flatulenza. Ad esempio, alimenti che causano gas e gonfiore in alcune persone potrebbero non avere lo stesso effetto in altre.

Oltre alla dieta, uno stile di vita attivo è altrettanto importante. L'esercizio fisico regolare, non solo migliora la salute generale, ma può anche promuovere una buona digestione e ridurre problemi come la stitichezza, che può aggravare la flatulenza. Attività come camminare, nuotare, o lo yoga possono essere particolarmente benefiche per il sistema digestivo.

In parallelo all'attenzione fisica, è essenziale anche il benessere psicologico. Riconoscere e accettare la flatulenza come una normale funzione corporea aiuta a ridurre lo stress e l'ansia associati a questo fenomeno. Pratiche di mindfulness e tecniche di rilassamento possono contribuire a una maggiore accettazione di sé e a un rapporto più sereno con il proprio corpo.

L'istruzione e la comunicazione aperta su temi come la flatulenza possono anche contribuire a rompere i tabù e a promuovere una maggiore consapevolezza della salute. Discutere apertamente di questi argomenti può aiutare a normalizzare esperienze comuni, riducendo la vergogna e incoraggiando un dialogo più informato sulla salute.

7.4. *Esercizi e routine per promuovere la salute intestinale*

La salute intestinale è un componente fondamentale del benessere generale e la flatulenza può essere un indicatore utile del suo stato. Mantenere un sistema digestivo sano non riguarda solo ciò che mangiamo, ma include anche esercizi e routine che aiutano a regolare e migliorare la funzione intestinale. Queste pratiche possono ridurre l'incidenza di flatulenza problematica e migliorare la qualità della vita.

Esercizi fisici specifici possono avere un impatto diretto sulla salute intestinale. Movimenti che stimolano l'addome, come il Pilates, lo yoga o esercizi di stretching, possono migliorare la motilità intestinale e aiutare nella gestione dei gas. Questi esercizi, che spesso includono torsioni e piegamenti, possono stimolare gli organi interni, promuovendo la digestione e alleviando il gonfiore.

Lo yoga, in particolare, offre diverse posizioni (asana) che sono benefiche per il sistema digestivo. Posizioni come la Pawanmuktasana (posizione di liberazione dei venti) e la Apanasana (posizione del ginocchio al petto) sono specificamente progettate per alleviare il gas e migliorare la digestione. La pratica regolare dello yoga non solo aiuta la digestione, ma migliora anche la consapevolezza corporea e riduce lo stress, contribuendo a una salute intestinale ottimale.

Un'altra componente importante è la respirazione. Tecniche di respirazione profonda, come il Pranayama nello yoga, possono migliorare l'ossigenazione del corpo e stimolare il sistema parasimpatico, che a sua volta favorisce la digestione e la calma. La respirazione diaframmatica, in particolare, è utile per stimolare i movimenti peristaltici dell'intestino e migliorare la digestione.

Oltre agli esercizi, le routine quotidiane giocano un ruolo chiave nel mantenere una buona salute intestinale. Questo include abitudini come bere acqua adeguata per mantenere l'idratazione, evitare pasti eccessivamente grandi o pesanti, e mangiare in un ambiente rilassato. È anche importante ascoltare il proprio corpo e concedersi tempo per andare in bagno quando necessario, evitando di trattenere il gas o i movimenti intestinali.

Il sonno è un altro fattore cruciale per una salute intestinale ottimale. Una routine di sonno regolare e un sonno di qualità possono avere un effetto significativo sulla salute intestinale. Durante il sonno, il corpo si ripara e si rigenera, compresa la regolazione dei processi digestivi.

Inoltre, pratiche di gestione dello stress come la meditazione e la mindfulness possono ridurre l'impatto dello stress sulla salute intestinale. Lo stress cronico è noto per influenzare negativamente la digestione e può aggravare problemi come la sindrome dell'intestino irritabile (IBS), che a sua volta può aumentare la flatulenza.

7.5. Creare un piano di benessere personalizzato

Il benessere intestinale e la gestione efficace della flatulenza richiedono un approccio personalizzato, che consideri le esigenze individuali e lo stile di vita di ciascuno. Creare un piano di benessere personalizzato è un passo essenziale per migliorare la salute generale e ridurre i disturbi legati alla flatulenza. Questo piano dovrebbe integrare diversi aspetti della salute, inclusi l'alimentazione, l'esercizio fisico, la gestione dello stress, e le abitudini di sonno.

1. **Valutazione della Salute Intestinale**: Il primo passo nella creazione di un piano personalizzato è valutare la propria salute intestinale. Ciò può includere l'analisi di fattori come la frequenza e la consistenza della flatulenza, altri sintomi digestivi (come gonfiore, stitichezza o diarrea), e il proprio stato di salute generale. Potrebbe essere utile tenere un diario alimentare e dei sintomi per identificare eventuali correlazioni.

2. **Consulenza con Professionisti della Salute**: Consultare un medico o un dietista per discutere i risultati della valutazione può fornire ulteriori intuizioni e consigli su come procedere. Essi possono aiutare a identificare eventuali problemi di salute sottostanti e fornire raccomandazioni personalizzate basate sulle esigenze specifiche.

3. **Piano Alimentare Personalizzato**: Basandosi sui consigli dei professionisti e sulla propria esperienza, è possibile sviluppare un piano alimentare che favorisca la salute intestinale. Questo può includere l'aggiustamento di tipi di cibo, porzioni, frequenza dei pasti e l'integrazione di probiotici o fibre. È importante che il piano sia equilibrato e sostenibile a lungo termine.

4. **Routine di Esercizio Fisico**: Integrare una routine di esercizio regolare che includa attività come yoga, Pilates, o camminate, può migliorare la digestione e la salute generale. Gli esercizi dovrebbero essere selezionati in base alle preferenze personali, al livello di fitness e agli obiettivi di salute.

5. **Gestione dello Stress e del Sonno**: Incorporare tecniche di gestione dello stress come la meditazione, la mindfulness o tecniche di respirazione può aiutare a ridurre l'impatto dello stress sulla salute intestinale. Allo stesso modo, stabilire una routine di sonno regolare e garantire un sonno di qualità è cruciale per la salute intestinale.

6. **Monitoraggio e Adeguamento**: Un piano di benessere è un processo dinamico. È importante monitorare regolarmente i propri progressi e

adeguare il piano in base ai cambiamenti nelle condizioni di salute, nel livello di comfort e nelle risposte del corpo. Questo può includere aggiustamenti nella dieta, nell'esercizio o nelle tecniche di gestione dello stress.

Creare un piano di benessere personalizzato non solo migliora la salute intestinale e la gestione della flatulenza, ma contribuisce anche a un senso generale di benessere. Questo approccio olistico alla salute è un investimento a lungo termine nel proprio benessere fisico e mentale.

CAPITOLO 8: INNOVAZIONI E TECNOLOGIE

8.1. Nuovi prodotti e soluzioni per la gestione della flatulenza

Nell'era dell'innovazione tecnologica e della ricerca medica avanzata, sono emersi nuovi prodotti e soluzioni per la gestione della flatulenza, offrendo strumenti aggiuntivi per migliorare la salute intestinale e il benessere generale. Questi sviluppi rappresentano un importante passo avanti nel trattamento e nella comprensione di un fenomeno naturale del corpo umano, fornendo opzioni più efficaci e personalizzate.

1. **Probiotici Avanzati e Integratori**: Recentemente, si è assistito a un aumento significativo nella qualità e nell'efficacia dei probiotici e degli integratori alimentari. Le nuove formulazioni sono progettate per target specifici della flora intestinale e possono essere personalizzate in base alle esigenze individuali. Questi prodotti possono aiutare a equilibrare i batteri intestinali, riducendo la flatulenza e migliorando la digestione.

2. **Dispositivi Indossabili per la Salute Intestinale**: L'avvento di dispositivi indossabili che monitorano la salute intestinale è una novità nel campo della tecnologia sanitaria. Questi dispositivi, che possono essere indossati come cinture o inseriti nei vestiti, sono in grado di raccogliere dati in tempo reale sulla frequenza e sulla composizione dei gas intestinali, fornendo informazioni preziose per personalizzare la dieta e il trattamento.

3. **Applicazioni per Smartphone**: Le app per smartphone dedicate alla tracciabilità e alla gestione della salute intestinale sono diventate sempre più popolari. Queste app possono tracciare l'assunzione di cibo, i sintomi della flatulenza, e altri fattori legati alla salute digestiva, fornendo analisi e suggerimenti personalizzati. Alcune app includono anche funzioni di diario alimentare e collegamenti a community online per il supporto e la condivisione di esperienze.

4. **Filtri e Indumenti Specializzati**: Ci sono stati progressi significativi nella creazione di filtri e indumenti specializzati per mitigare l'odore e il disagio associati alla flatulenza. Questi prodotti, che vanno dai filtri inseribili nell'abbigliamento intimo a indumenti con materiali specializzati,

offrono una soluzione discreta e pratica per gestire situazioni sociali o lavorative.

5. **Ricerca Farmaceutica**: La ricerca farmaceutica ha fatto passi da gigante nello sviluppo di nuovi farmaci e trattamenti per condizioni legate alla flatulenza, come sindrome dell'intestino irritabile o disbiosi intestinale. Questi nuovi trattamenti si concentrano su un approccio più mirato e meno invasivo, offrendo soluzioni più efficaci e con minori effetti collaterali.

6. **Alimenti Funzionali e Personalizzati**: L'industria alimentare sta rispondendo alle esigenze di salute intestinale con lo sviluppo di alimenti funzionali progettati per migliorare la digestione e ridurre la flatulenza. Questi prodotti, spesso arricchiti con fibre, probiotici o enzimi digestivi, sono una soluzione pratica per integrare una dieta sana.

8.2. *Innovazioni tecnologiche nel monitoraggio e controllo*

Le innovazioni tecnologiche stanno rivoluzionando il modo in cui comprendiamo e gestiamo la flatulenza, offrendo strumenti avanzati per un monitoraggio preciso e un controllo più efficace. Questi sviluppi tecnologici non solo migliorano la qualità della vita delle persone affette da problemi gastrointestinali, ma offrono anche nuove prospettive nella ricerca e nella comprensione della salute intestinale.

1. **Sensori e Dispositivi di Monitoraggio**: Sono stati sviluppati sensori avanzati che possono essere indossati o integrati nell'abbigliamento, capaci di rilevare e analizzare i gas intestinali in tempo reale. Questi dispositivi utilizzano tecnologie sofisticate per identificare modelli di flatulenza e possono fornire feedback immediati sull'effetto degli alimenti o dei farmaci sulla digestione. Alcuni di questi dispositivi possono anche monitorare i parametri vitali correlati, come la frequenza cardiaca e i livelli di stress, offrendo una visione olistica della salute dell'individuo.

2. **Intelligenza Artificiale e Analisi dei Dati**: L'applicazione dell'intelligenza artificiale (AI) nell'analisi dei dati raccolti dai sensori di monitoraggio sta apportando miglioramenti

significativi nella precisione della diagnosi e nel trattamento personalizzato. L'AI può elaborare enormi quantità di dati per identificare tendenze e pattern, aiutando i medici e i pazienti a comprendere meglio le cause della flatulenza e a sviluppare strategie di gestione più efficaci.

3. **App e Software di Diagnostica**: Il mercato ha visto l'introduzione di diverse app e software che aiutano nell'auto-monitoraggio e nell'auto-diagnostica della flatulenza. Questi strumenti digitali permettono agli utenti di registrare i loro pasti, sintomi e altri fattori rilevanti, fornendo analisi utili e consigli personalizzati. Queste app possono anche essere collegate a dispositivi indossabili per una raccolta dati più completa e automatizzata.

4. **Ricerca Basata su Big Data**: L'accumulo di grandi quantità di dati sulla salute intestinale e sulla flatulenza ha aperto nuove frontiere nella ricerca. L'analisi dei big data può aiutare a identificare correlazioni e cause sottostanti di problemi gastrointestinali, portando a nuove scoperte nel campo della medicina e della nutrizione.

5. **Piattaforme di Telemedicina**: La telemedicina sta diventando sempre più importante nel trattamento dei disturbi gastrointestinali. Le

piattaforme di telemedicina permettono ai pazienti di consultare specialisti da remoto, condividendo i dati raccolti dai loro dispositivi di monitoraggio. Questo approccio rende la cura più accessibile e comoda, soprattutto per coloro che vivono in aree remote o hanno difficoltà a recarsi fisicamente in clinica.

Sviluppi Futuri: La continua ricerca e sviluppo in questo campo promette ulteriori innovazioni. Si prevede che nuove tecnologie, come i sensori ingestibili o i dispositivi impiantabili, forniranno ancora più dati precisi e dettagliati sulla salute intestinale, migliorando ulteriormente la diagnosi e il trattamento.

8.3. App e dispositivi per il tracciamento della salute intestinale

L'avvento di app e dispositivi tecnologici dedicati al tracciamento della salute intestinale segna un'epoca rivoluzionaria nel modo in cui monitoriamo e gestiamo la flatulenza e la salute digestiva in generale. Questi strumenti offrono un accesso senza precedenti a informazioni dettagliate e personalizzate, contribuendo a una migliore comprensione e gestione della salute intestinale.

1. **App per il Tracciamento Alimentare e Sintomatico**: Molte app disponibili oggi offrono la possibilità di registrare l'assunzione di cibo e di tracciare i sintomi gastrointestinali, compresa la flatulenza. Queste app aiutano gli utenti a identificare potenziali trigger alimentari e a riconoscere schemi o correlazioni tra la dieta e i sintomi digestivi. Alcune app avanzate offrono anche funzionalità di analisi e feedback, suggerendo modifiche dietetiche o stili di vita per migliorare la salute intestinale.

2. **Dispositivi Indossabili e Monitoraggio in Tempo Reale**: I dispositivi indossabili per la salute intestinale stanno diventando sempre più sofisticati. Vanno da sensori non invasivi che possono essere indossati intorno all'addome per

monitorare i movimenti intestinali e la produzione di gas, a dispositivi più avanzati che analizzano la composizione del gas. Questi dati possono essere sincronizzati con app mobili per fornire analisi in tempo reale e consigli personalizzati.

3. **Analisi dei Dati e Intelligenza Artificiale**: L'uso dell'intelligenza artificiale (AI) per analizzare i dati raccolti dalle app e dai dispositivi indossabili è una frontiera promettente nella gestione della salute intestinale. L'AI può rilevare modelli nascosti nei dati e fornire intuizioni più profonde sulle abitudini alimentari, sui sintomi e sulla salute generale. Questa tecnologia può aiutare gli utenti a fare scelte più informate e a personalizzare i loro regimi di salute.

4. **Telemedicina e Consultazioni Online**: Le app e i dispositivi di tracciamento della salute intestinale facilitano anche l'accesso alla telemedicina, permettendo ai pazienti di condividere i loro dati con i professionisti sanitari in tempo reale. Questo può migliorare l'efficacia delle consultazioni online, consentendo ai medici di fornire consigli più mirati basati su dati oggettivi.

5. **Community e Supporto Peer-to-Peer**: Alcune app includono funzionalità di community, dove gli utenti possono condividere esperienze,

consigli e supporto. Questo aspetto del peer-to-peer è particolarmente prezioso, poiché fornisce una rete di supporto e riduce il senso di isolamento che può accompagnare i problemi digestivi.

6. **Educazione e Sensibilizzazione**: Oltre al monitoraggio e all'analisi, molte app forniscono anche risorse educative su nutrizione, salute intestinale e gestione dei sintomi. Questa educazione può aiutare gli utenti a comprendere meglio la loro condizione e a prendere decisioni informate riguardo alla loro salute.

La continua ricerca e sviluppo nel campo della salute intestinale e della gestione della flatulenza sono di vitale importanza. Questi sforzi non solo portano a nuove scoperte e innovazioni tecnologiche, ma contribuiscono anche a una migliore comprensione dei disturbi intestinali e a una maggiore efficacia nel loro trattamento. L'evoluzione della ricerca in questo settore promette di trasformare il modo in cui affrontiamo la salute intestinale nel futuro.

1. **Avanzamenti nella Microbiota Intestinale**: La ricerca sulla microbiota intestinale ha fatto passi da gigante negli ultimi anni. Comprendere meglio il ruolo dei microbi intestinali nella digestione e nella salute generale può portare a trattamenti più mirati per problemi quali la flatulenza e altri disturbi gastrointestinali. La ricerca futura potrebbe concentrarsi sull'identificazione di specifici ceppi di probiotici che possono essere utilizzati per trattare condizioni specifiche, migliorando così la salute intestinale e riducendo la flatulenza.

2. **Tecnologie Indossabili e Ingestibili**: I dispositivi indossabili e ingestibili stanno diventando sempre più sofisticati. La ricerca futura potrebbe portare allo sviluppo di sensori ancora più precisi

che possono essere ingeriti o indossati per monitorare continuamente la salute intestinale. Questi dispositivi potrebbero fornire dati in tempo reale sulla composizione dei gas intestinali, sulla motilità intestinale e su altri importanti indicatori di salute.

3. **Intelligenza Artificiale e Big Data**: L'utilizzo dell'intelligenza artificiale e dell'analisi dei big data promette di rivoluzionare il modo in cui interpretiamo i dati sulla salute intestinale. Con l'accumulo di grandi quantità di dati da dispositivi indossabili e applicazioni, l'IA può aiutare a identificare modelli e correlazioni che sarebbero altrimenti difficili da rilevare. Questo può portare a una diagnosi più precisa e a trattamenti personalizzati basati su algoritmi predittivi.

4. **Sviluppo Farmaceutico e Nutraceutico**: La ricerca continua a concentrarsi sullo sviluppo di nuovi farmaci e nutraceutici per la gestione della salute intestinale. Questi potrebbero includere farmaci che mirano specificamente a regolare la produzione di gas intestinale o a migliorare la motilità intestinale, così come integratori alimentari progettati per supportare un equilibrio sano della flora intestinale.

5. **Interdisciplinarietà e Collaborazione**: La ricerca futura beneficerà enormemente dall'approccio

interdisciplinare, che unisce esperti in gastroenterologia, microbiologia, nutrizione, psicologia e tecnologia. Collaborazioni tra questi diversi campi possono portare a una comprensione più olistica della salute intestinale e a soluzioni innovative.

Educazione e Sensibilizzazione: La ricerca e lo sviluppo devono anche concentrarsi sull'educazione e la sensibilizzazione pubblica. Migliorare la comprensione generale della salute intestinale e ridurre lo stigma associato a problemi come la flatulenza sono passi fondamentali per una società più informata e in salute

L'evoluzione continua nel campo della salute intestinale e della gestione della flatulenza suggerisce un futuro in cui un approccio integrato diventa cruciale. Unendo le innovazioni tecnologiche, i progressi nella ricerca medica, e una comprensione olistica del benessere, possiamo guardare a un futuro in cui la gestione della salute intestinale è più personalizzata, efficace e accessibile.

1. **Integrazione delle Nuove Tecnologie**: Le future prospettive nella gestione della salute intestinale includono l'integrazione completa delle nuove tecnologie nella vita quotidiana. Dispositivi indossabili avanzati, app per il monitoraggio della salute, e l'uso dell'intelligenza artificiale per analizzare dati personali potrebbero diventare strumenti standard nel controllo della salute intestinale. Questi strumenti forniranno non solo dati in tempo reale ma anche analisi predittive e consigli personalizzati per migliorare la dieta, lo stile di vita e la salute generale.

2. **Personalizzazione della Cura**: Uno degli aspetti più promettenti delle future innovazioni è la personalizzazione della cura. Utilizzando dati dettagliati raccolti da dispositivi e app, i professionisti sanitari saranno in grado di fornire

trattamenti e consigli altamente personalizzati. Questo potrebbe includere piani di dieta specifici, regimi di esercizio fisico e strategie di gestione dello stress, tutti personalizzati per le esigenze uniche dell'individuo.

3. **Collaborazioni Multidisciplinari**: Le future ricerche e sviluppi beneficeranno grandemente delle collaborazioni tra diverse discipline. Gastroenterologi, nutrizionisti, psicologi, ingegneri e sviluppatori di software lavoreranno insieme per creare soluzioni complete che affrontino tutti gli aspetti della salute intestinale. Questo approccio multidisciplinare garantirà che sia il corpo che la mente siano considerati nel trattamento della flatulenza e di altri disturbi gastrointestinali.

4. **Educazione e Accessibilità**: L'accesso a informazioni accurate e la sensibilizzazione sulla salute intestinale saranno fondamentali. L'educazione pubblica su temi come la dieta, l'esercizio fisico, la gestione dello stress e l'importanza della salute intestinale aiuterà a ridurre lo stigma e a promuovere pratiche di salute proattive. Inoltre, assicurare che le nuove tecnologie e trattamenti siano accessibili a un'ampia gamma di persone sarà essenziale per un impatto positivo su scala globale.

5. **Sostenibilità e Etica**: Nelle future innovazioni, saranno considerati anche aspetti di sostenibilità ed etica. Lo sviluppo di tecnologie e trattamenti dovrebbe essere svolto in modo responsabile, con attenzione all'impatto ambientale e al rispetto dei diritti e della privacy degli individui.

6. **Progressi Continui nella Ricerca**: La ricerca continuerà a giocare un ruolo cruciale nel guidare l'innovazione. Lo studio della microbiota intestinale, lo sviluppo di nuovi farmaci e integratori, e l'esplorazione di nuove tecniche di gestione dello stress e del benessere psicologico saranno aree chiave di focus.

CAPITOLO 9: CULTURA E FLATULENZA NEL MONDO

9.1. Diverse prospettive culturali sulla flatulenza

La flatulenza, pur essendo un fenomeno universale, è percepita e gestita in modi molto diversi attraverso le culture. Queste differenze sono radicate in tradizioni, norme sociali, credenze religiose e pratiche quotidiane. Esplorare queste prospettive culturali non solo arricchisce la nostra comprensione della flatulenza come fenomeno naturale, ma aiuta anche a riconoscere e rispettare la diversità nelle esperienze umane.

1. **Variazioni Culturali nella Percezione della Flatulenza**: In alcune culture, la flatulenza è trattata con leggerezza o persino umorismo, mentre in altre è un argomento tabù, associato a vergogna e imbarazzo. Ad esempio, in molte società occidentali, la flatulenza può essere oggetto di battute, ma raramente è discussa seriamente in contesti pubblici. Al contrario, in alcune culture asiatiche e africane, la flatulenza è considerata un segno di benessere e salute ed è accettata con maggiore apertura.

2. **Implicazioni Religiose e Spirituali**: In alcune tradizioni religiose e spirituali, la flatulenza ha implicazioni specifiche. Ad esempio, in alcune pratiche di meditazione e yoga, la flatulenza è vista come una liberazione di energia e un processo naturale di purificazione del corpo. Al contrario, in alcune tradizioni religiose, può essere vista come qualcosa da evitare in determinati contesti cerimoniali o durante il digiuno.

3. **Norme Sociali e Educazione**: Le norme sociali giocano un ruolo significativo nel modellare l'atteggiamento verso la flatulenza. La maniera in cui i bambini sono educati a percepire e gestire la flatulenza può avere un impatto duraturo sul loro comportamento e sulle loro credenze in età adulta. In alcune culture, i bambini vengono educati a considerare la flatulenza come un processo naturale, mentre in altre si insiste sulla discrezione e sulla riservatezza.

4. **Cibo e Dieta**: Le diete culturali influenzano anche la frequenza e la percezione della flatulenza. Alimenti specifici, che variano notevolmente tra le culture, possono influenzare la produzione di gas intestinale. La comprensione di queste differenze dietetiche è fondamentale per apprezzare come le pratiche alimentari

influenzano la salute intestinale e la gestione della flatulenza.

5. **Salute e Benessere**: In alcune culture, la flatulenza è strettamente correlata a concetti di salute e benessere. Ad esempio, in alcune pratiche di medicina tradizionale, la frequenza e la qualità della flatulenza possono essere considerate indicatori di salute intestinale e del bilancio energetico del corpo.

La flatulenza, un fenomeno naturale del corpo umano, ha occupato un posto significativo nelle tradizioni e nel folklore di molte culture nel corso della storia. Queste rappresentazioni culturali offrono una finestra unica sulle diverse interpretazioni e significati attribuiti alla flatulenza, riflettendo una varietà di atteggiamenti, credenze e valori.

1. **Rappresentazioni nel Folklore e nella Mitologia**: In diverse culture, la flatulenza è stata oggetto di miti, leggende e storie folkloristiche. Queste narrazioni spesso usano l'umorismo o la satira per esplorare temi umani universali, come l'umiltà, l'inganno e l'ingegnosità. Ad esempio, in alcune storie popolari, la flatulenza è utilizzata come uno stratagemma per ingannare o sconfiggere un nemico, mentre in altre è vista come un segno di saggezza o di potere spirituale.

2. **Uso nella Letteratura e nell'Arte**: La flatulenza è stata anche un tema ricorrente in letteratura e arte. In alcune opere letterarie, è utilizzata per creare situazioni comiche o per sottolineare la natura umana dei personaggi. Nell'arte, le

rappresentazioni della flatulenza vanno dall'umorismo grossolano alle sottili allusioni, riflettendo i diversi atteggiamenti culturali nei confronti di questo fenomeno.

3. **Simbolismo e Significati Culturali**: In alcune culture, la flatulenza ha assunto significati simbolici specifici. Può rappresentare abbondanza e salute, o essere vista come un presagio di fortuna o sfortuna. In alcuni contesti, è considerata un segno di liberazione e rilassamento, mentre in altri è un simbolo di maleducazione o irriverenza.

4. **Riti e Usanze Tradizionali**: Alcune pratiche culturali includono riti o usanze legate alla flatulenza. Questi possono variare da norme di comportamento che regolano la risposta appropriata alla flatulenza in pubblico, fino a riti più formali che incorporano la flatulenza come parte di cerimonie o festività.

5. **Implicazioni Sociali e Comportamentali**: La rappresentazione della flatulenza nel folklore e nelle tradizioni spesso riflette e influisce sulle norme sociali e comportamentali. Ad esempio, in alcune culture, la flatulenza in pubblico è

accettata e persino celebrata, mentre in altre è motivo di imbarazzo e deve essere evitata.

Il modo in cui la flatulenza è percepita e gestita varia notevolmente tra le diverse culture, riflettendo un ampio spettro di norme sociali globali. In un'epoca di crescente globalizzazione, queste differenze culturali sono più esposte e, in alcuni casi, soggette a mutamenti sotto l'influenza di pratiche e valori globali. Esaminare queste variazioni offre una prospettiva intrigante sulle dinamiche interculturali e sull'evoluzione delle norme sociali riguardo a un fenomeno naturale e universale come la flatulenza.

1. **Diversità nelle Reazioni Culturali**: In alcune culture, la flatulenza è trattata con una certa naturalezza o addirittura con umorismo, mentre in altre è considerata inappropriata e imbarazzante. Ad esempio, in molte società occidentali, la flatulenza in pubblico è generalmente vista come una violazione delle norme sociali, mentre in alcune comunità indigene o in alcune culture asiatiche, può essere accettata come parte della vita quotidiana senza troppo imbarazzo.

2. **Impatto della Globalizzazione**: La globalizzazione ha portato a un maggiore scambio culturale e a una conseguente influenzazione reciproca delle norme sociali. Ciò

ha comportato una certa omogeneizzazione delle reazioni alla flatulenza, con alcune culture tradizionalmente più aperte che diventano più riservate sotto l'influenza occidentale, o viceversa.

3. **Media e Comunicazione di Massa**: Il ruolo dei media e della comunicazione di massa nell'influenzare le percezioni culturali della flatulenza è significativo. Film, serie televisive e internet hanno il potere di plasmare e talvolta anche cambiare le norme sociali, spesso diffondendo un'immagine stereotipata o umoristica della flatulenza.

4. **Dinamiche di Potere e Resistenza Culturale**: La gestione della flatulenza può anche riflettere dinamiche di potere culturali e resistenza. In alcuni contesti, aderire o deviare dalle norme sociali prevalenti sulla flatulenza può essere un modo per esprimere identità culturale e resistenza contro l'omogeneizzazione culturale.

5. **Evoluzione delle Norme Sociali**: Con il passare del tempo, le norme sociali riguardo alla flatulenza continuano a evolversi. Ciò che era considerato accettabile o inaccettabile in passato può cambiare, riflettendo mutamenti nelle attitudini sociali, nell'accettazione e nella comprensione della fisiologia umana.

9.4. Lezioni da altre culture: accettazione e gestione

L'esplorazione delle diverse modalità con cui le culture gestiscono la flatulenza rivela non solo la ricchezza della diversità umana, ma fornisce anche preziose lezioni sull'accettazione e sulla gestione di questo fenomeno naturale. Osservando le pratiche di diverse comunità globali, possiamo apprendere modi alternativi e forse più salutari di affrontare la flatulenza, che possono essere integrati nella nostra vita quotidiana per migliorare la salute intestinale e il benessere psicologico.

1. **Accettazione Naturale**: In alcune culture, la flatulenza è accettata come parte naturale della vita, senza stigma o imbarazzo. Questa accettazione naturale può insegnarci a ridurre l'ansia e il disagio associati a questo fenomeno. Adottare un atteggiamento di apertura e di non giudizio può migliorare il nostro benessere psicologico e ridurre la pressione sociale spesso associata alla flatulenza.

2. **Comunicazione Aperta e Educazione**: Alcune società hanno adottato un approccio di comunicazione aperta riguardo alla flatulenza, includendola nell'educazione alla salute e nella conversazione quotidiana. Questo aspetto della cultura può incoraggiare una maggiore

consapevolezza e conoscenza della salute intestinale, contribuendo a una comprensione più profonda dei nostri corpi e a una gestione più efficace dei disturbi gastrointestinali.

3. **Uso dell'Umorismo**: In molte culture, l'umorismo è un modo per gestire la flatulenza in maniera leggera e spensierata. Ridere della flatulenza può non solo alleggerire l'imbarazzo, ma anche promuovere un clima di accettazione e comprensione. Tuttavia, è importante che questo umorismo non si trasformi in derisione o in offesa verso gli altri.

4. **Rituali e Pratiche Culturali**: Alcune comunità hanno sviluppato rituali o pratiche specifiche per gestire la flatulenza, che possono includere rimedi naturali, tecniche di respirazione o specifici comportamenti sociali. Queste pratiche possono offrire approcci alternativi alla gestione della salute intestinale, arricchendo il nostro repertorio di strategie per affrontare la flatulenza.

5. **Diversità Dietetica e Salute Intestinale**: Osservando le abitudini alimentari di diverse culture, possiamo imparare come specifici alimenti o modelli dietetici influenzano la produzione di gas e la salute intestinale. L'integrazione di elementi di diete diverse può

aiutare a bilanciare il microbioma intestinale e a ridurre la frequenza della flatulenza.

9.5. Globalizzazione e il suo impatto sull'atteggiamento verso la flatulenza

La globalizzazione ha avuto un impatto significativo su come le culture di tutto il mondo percepiscono e gestiscono la flatulenza. Questo processo di interconnessione globale ha portato a un maggiore scambio di idee, pratiche e valori, influenzando le norme sociali e i comportamenti legati a questo fenomeno naturale. Esplorare l'effetto della globalizzazione sulla flatulenza offre una prospettiva preziosa su come le società si adattano e reagiscono ai cambiamenti in un contesto culturale in continua evoluzione.

1. **Omogeneizzazione delle Norme Culturali**: Uno degli effetti più evidenti della globalizzazione è l'omogeneizzazione delle norme culturali. Con l'espansione dei media globali e l'aumento dei viaggi internazionali, le idee occidentali, in particolare quelle legate alla privacy e alla discrezione, hanno iniziato a influenzare le culture in cui la flatulenza era precedentemente trattata con maggiore apertura. Questo può portare a un cambiamento nelle pratiche tradizionali e nelle percezioni sociali della flatulenza.

2. **Scambio e Integrazione Culturale**: D'altra parte, la globalizzazione ha anche facilitato lo scambio

culturale, permettendo a persone di diverse parti del mondo di esplorare e adottare pratiche di altre culture. Questo può includere l'adozione di diete e pratiche di salute intestinale da altre culture, che possono influenzare la frequenza e la percezione della flatulenza.

3. **Influenza dei Media Globali**: Film, programmi televisivi, internet e social media giocano un ruolo cruciale nel modellare l'atteggiamento verso la flatulenza. La rappresentazione della flatulenza nei media globali spesso si basa sull'umorismo, che può sia ridurre lo stigma sia perpetuare stereotipi. L'esposizione a questi media può influenzare le norme sociali e le aspettative comportamentali nelle diverse culture.

4. **Impatto sulle Generazioni più Giovani**: Le generazioni più giovani, che sono cresciute in un mondo sempre più globalizzato, possono avere atteggiamenti diversi rispetto alle generazioni precedenti riguardo alla flatulenza. Questo può portare a un cambiamento nelle norme sociali nel lungo periodo, con una potenziale maggiore apertura o, al contrario, maggiore riservatezza riguardo a questo argomento.

5. **Sfide e Opportunità per la Salute Pubblica**: La globalizzazione presenta sia sfide sia opportunità per la salute pubblica. Da un lato, può portare a

una maggiore consapevolezza delle pratiche salutari e a una migliore educazione sulla salute intestinale. Dall'altro, può portare a una perdita di pratiche tradizionali benefiche e a un aumento dello stress e dell'ansia associati a norme sociali più rigide.

CAPITOLO 10: CONCLUSIONE E PASSI AVANTI

10.1. Riepilogo delle principali lezioni apprese

In questo libro, abbiamo esplorato il tema della flatulenza da molteplici prospettive, considerando aspetti fisiologici, psicologici, culturali e tecnologici. Riflettendo su queste diverse angolazioni, possiamo trarre diverse lezioni importanti, che non solo informano la nostra comprensione della flatulenza, ma offrono anche approfondimenti sul benessere umano in generale.

1. **Flatulenza come Fenomeno Naturale**: Uno dei punti chiave è che la flatulenza è un fenomeno naturale e universale. La sua accettazione può ridurre l'ansia e l'imbarazzo che spesso accompagnano questo argomento. La comprensione della flatulenza dal punto di vista fisiologico aiuta a normalizzare l'esperienza e a promuovere un approccio più salutare e aperto.

2. **Impatto Psicologico e Sociale**: La flatulenza ha significativi impatti psicologici e sociali. La gestione delle reazioni emotive e la comprensione del contesto culturale e sociale in cui si verifica la flatulenza sono fondamentali per

il benessere psicologico. Abbiamo visto come l'accettazione e l'umorismo possono essere strumenti utili per gestire l'imbarazzo e promuovere un clima di apertura.

3. **Diversità Culturale e Globalizzazione**: L'esame delle diverse prospettive culturali ha evidenziato come la flatulenza sia percepita e gestita in modi molto diversi nel mondo. La globalizzazione ha sia omogeneizzato alcune di queste percezioni sia creato nuove dinamiche culturali. Questo ci insegna l'importanza di rispettare le differenze culturali e di essere aperti a diverse prospettive.

4. **Innovazioni Tecnologiche e Ricerca**: L'innovazione tecnologica nel campo della salute intestinale e la ricerca continua hanno aperto nuove possibilità per la gestione della flatulenza. Dispositivi indossabili, app per smartphone, e progressi nella ricerca medica e nutrizionale offrono strumenti più efficaci per monitorare e gestire la salute intestinale.

5. **Importanza dell'Educazione e della Sensibilizzazione**: Un aspetto cruciale emerso è l'importanza dell'educazione e della sensibilizzazione pubblica. Informare le persone sulla salute intestinale e ridurre lo stigma associato alla flatulenza possono migliorare non

solo l'approccio individuale, ma anche le norme sociali e la qualità della vita.

137

Guardando al futuro, possiamo prevedere l'evoluzione delle conoscenze, delle tecnologie e delle percezioni sociali relative alla flatulenza. Queste prospettive future aprono nuove possibilità per migliorare la comprensione e la gestione della salute intestinale, influenzando la qualità della vita e il benessere generale. Riflettendo sui progressi attuali e immaginando le potenziali innovazioni, possiamo delineare un percorso che valorizzi la salute intestinale e la dignità umana.

1. **Avanzamenti nella Ricerca Scientifica**: La ricerca scientifica continuerà a svolgere un ruolo cruciale nell'approfondimento della nostra comprensione della flatulenza. Futuri studi potrebbero concentrarsi su aspetti ancora poco esplorati, come le connessioni tra microbiota intestinale e salute mentale, o l'impiego di nuovi farmaci e integratori per trattare i disturbi gastrointestinali. La ricerca genetica potrebbe anche fornire approfondimenti sui fattori ereditari che influenzano la digestione e la produzione di gas.

2. **Innovazione Tecnologica e Personalizzazione**: L'innovazione tecnologica, in particolare nell'ambito dei dispositivi indossabili e delle app

per la salute, offrirà strumenti sempre più precisi e personalizzati per monitorare e gestire la salute intestinale. Questi dispositivi potrebbero diventare più intuitivi, fornendo feedback in tempo reale e consigli personalizzati basati sull'analisi dei dati raccolti.

3. **Cambiamenti nelle Norme Sociali e Culturali**: La flatulenza, come fenomeno sociale, probabilmente continuerà a evolversi nelle sue percezioni culturali. Con l'aumento della globalizzazione e del dialogo interculturale, potremmo assistere a un maggiore grado di accettazione e apertura nei confronti della flatulenza in diverse culture. Questo potrebbe aiutare a ridurre lo stigma e a promuovere un approccio più sano e aperto alle questioni relative alla salute intestinale.

4. **Educazione e Sensibilizzazione Pubblica**: Un'importante direzione futura è l'ampliamento dell'educazione e della sensibilizzazione pubblica riguardo alla salute intestinale. Programmi educativi più ampi e campagne di sensibilizzazione potrebbero aiutare a normalizzare la conversazione sulla flatulenza, promuovendo una maggiore comprensione e riducendo l'imbarazzo associato a questo argomento.

5. **Sviluppo Sostenibile e Accessibile**: Nel futuro, sarà fondamentale garantire che i progressi nella gestione della salute intestinale siano sostenibili e accessibili a tutti. Questo include l'assicurare che le nuove tecnologie, i trattamenti e le informazioni siano disponibili globalmente, indipendentemente dalle differenze economiche o geografiche.

In un'era caratterizzata da rapidi progressi scientifici e cambiamenti culturali, è fondamentale rimanere informati e continuare l'educazione personale sulla salute intestinale e la gestione della flatulenza. Mantenere un flusso costante di apprendimento e adattamento alle nuove scoperte e pratiche può migliorare significativamente la nostra salute e qualità di vita. Questo capitolo esplora vari modi in cui possiamo rimanere aggiornati e attivi nel nostro percorso verso un benessere intestinale ottimale.

1. **Ricerca Continua e Aggiornamenti Scientifici**: L'accesso a ricerche scientifiche aggiornate è cruciale per comprendere le ultime scoperte nel campo della salute intestinale. Seguire pubblicazioni accademiche, partecipare a conferenze o seminari online, e abbonarsi a riviste scientifiche specializzate sono modi efficaci per rimanere al passo con gli sviluppi più recenti.

2. **Utilizzo di Risorse Online Affidabili**: Internet offre un'abbondanza di risorse, ma è importante discernere tra fonti affidabili e informazioni fuorvianti. Siti web di istituzioni sanitarie riconosciute, blog di esperti nel settore e forum di discussione moderati possono fornire

informazioni accurate e utili. È essenziale sviluppare un senso critico nel valutare la qualità e l'affidabilità delle informazioni online.

3. **Partecipazione a Comunità di Supporto**: Unirsi a gruppi di supporto o comunità online può offrire sia informazioni che sostegno emotivo. Condividere esperienze e consigli con altre persone che affrontano sfide simili può essere un modo potente per imparare e sentirsi meno isolati.

4. **Collaborazione con Professionisti della Salute**: Mantenere una comunicazione regolare con i professionisti della salute è fondamentale. I medici, i dietisti e gli esperti di salute intestinale possono fornire consigli personalizzati e aggiornati in base alle ultime ricerche e alle esigenze individuali.

5. **Educazione Continua e Workshop**: Partecipare a workshop, corsi online o programmi educativi può fornire approfondimenti preziosi e aggiornati sulle migliori pratiche per la salute intestinale. Questi programmi possono variare da lezioni su specifiche condizioni mediche a corsi su nutrizione e stili di vita.

6. **Auto-osservazione e Diario Personale**: Tenere un diario personale che registra la dieta, i sintomi

e le reazioni può essere uno strumento prezioso per comprendere il proprio corpo e identificare potenziali trigger della flatulenza. Questa pratica può aiutare a personalizzare ulteriormente i piani di salute e a monitorare i progressi nel tempo.

10.4. Creare un movimento positivo intorno alla flatulenza

Riconoscere e accettare la flatulenza come una normale funzione corporea è il primo passo per ridurre lo stigma e migliorare la comprensione pubblica di questo fenomeno. La creazione di un movimento positivo intorno alla flatulenza può avere un impatto significativo sulla salute pubblica, sulla cultura e sul benessere sociale. Questa sezione esplora come possiamo collettivamente trasformare la nostra percezione e gestione della flatulenza in un'azione positiva e informativa.

1. **Promuovere la Conversazione Aperta e L'Accettazione**: Uno degli obiettivi principali di un movimento positivo è incoraggiare una conversazione aperta e senza pregiudizi sulla flatulenza. Questo implica superare l'imbarazzo e la vergogna spesso associati a questo argomento. Campagne di sensibilizzazione pubblica, workshop educativi e piattaforme di discussione possono aiutare a normalizzare il discorso sulla flatulenza, promuovendo un'atmosfera di comprensione e accettazione.

2. **Educazione e Sensibilizzazione**: L'educazione gioca un ruolo fondamentale nel cambiare le percezioni e le prassi relative alla flatulenza.

Questo può essere realizzato attraverso programmi educativi nelle scuole, campagne informative nei media e materiale educativo accessibile online. L'obiettivo è fornire informazioni accurate sulla fisiologia, la salute intestinale e le strategie di gestione, demistificando i miti e i tabù associati alla flatulenza.

3. **Supporto e Comunità**: Creare una rete di supporto per le persone che affrontano problemi di salute intestinale può essere molto efficace. Questo può includere gruppi di supporto online, forum di discussione e incontri di gruppo. Tali piattaforme offrono non solo sostegno emotivo, ma anche opportunità di condividere esperienze, consigli e soluzioni.

4. **Collaborazioni con Professionisti della Salute**: Lavorare a stretto contatto con i professionisti della salute per promuovere pratiche basate sull'evidenza è essenziale. Ciò include la collaborazione con medici, nutrizionisti e psicologi per sviluppare e diffondere messaggi informativi e consigli pratici sulla gestione della flatulenza e la salute intestinale.

5. **Incorporare la Tecnologia e l'Innovazione**: Sfruttare le tecnologie emergenti come strumenti di sensibilizzazione e educazione può

amplificare l'impatto del movimento. App per smartphone, piattaforme di social media e altri mezzi digitali possono essere utilizzati per diffondere informazioni, connettere persone e promuovere un approccio positivo alla flatulenza.

6. **Promuovere Politiche di Salute Pubblica**: Incoraggiare lo sviluppo e l'adozione di politiche di salute pubblica che riconoscano l'importanza della salute intestinale e affrontino i problemi correlati può avere un impatto significativo. Ciò include la promozione di ricerche sulla salute intestinale, il supporto all'accesso a cure adeguate e l'implementazione di programmi di educazione sanitaria.

10.5. Messaggio finale: abbracciare la natura umana

Nel concludere questo libro, è essenziale riflettere su un messaggio centrale: l'importanza di abbracciare la natura umana in tutte le sue forme, compresa la flatulenza. Questa accettazione non è solo un passo verso il benessere personale, ma anche un movimento verso una società più comprensiva e inclusiva. Riassumendo i punti chiave esplorati, possiamo delineare un percorso di accettazione e comprensione che va oltre la semplice gestione di un fenomeno fisiologico, toccando aspetti fondamentali dell'esistenza umana.

1. **Accettazione della Flatulenza come Normale Funzione Corporea**: Abbiamo visto come la flatulenza sia una parte naturale e inevitabile della fisiologia umana. Riconoscere e accettare questo aspetto senza vergogna o imbarazzo è fondamentale per il nostro benessere fisico e psicologico. Questo passo richiede un cambiamento nelle percezioni personali e sociali, spostandosi dalla stigmatizzazione all'accettazione.

2. **Impatto della Cultura e della Globalizzazione**: La varietà delle percezioni culturali e l'impatto della globalizzazione sulla flatulenza illustrano come i nostri atteggiamenti siano profondamente

radicati nel contesto sociale e culturale. Abbracciare una prospettiva globale, che riconosca e rispetti le differenze, è cruciale per una comprensione olistica della salute intestinale e umana.

3. **Evoluzione delle Norme Sociali**: Il libro ha esplorato come le norme sociali attorno alla flatulenza stiano evolvendo. Questo cambiamento, influenzato dall'educazione, dalla sensibilizzazione e dal dialogo aperto, può portare a un ambiente più accogliente e meno giudicante, dove la salute intestinale non è più un tabù ma parte di una discussione normale e sana.

4. **Ruolo dell'Educazione e della Tecnologia**: L'educazione continua e l'adozione di tecnologie innovative sono fondamentali per migliorare la gestione e la comprensione della flatulenza. Mantenere un atteggiamento di apprendimento costante e apertura alle nuove scoperte ci permetterà di rimanere aggiornati e informati sulle migliori pratiche per la salute intestinale.

5. **Creazione di Comunità di Supporto e Solidarietà**: Formare comunità di supporto, dove le persone possono condividere esperienze e consigli, è un aspetto vitale del percorso verso l'accettazione. Queste comunità possono servire come spazi sicuri per la discussione, il sostegno e

l'educazione, contribuendo a ridurre l'isolamento e a rafforzare il senso di solidarietà.

6. **Verso una Società più Accogliente e Salutare**: Infine, l'obiettivo ultimo è la creazione di una società più accogliente e salutare, dove la flatulenza e altre funzioni corporee naturali sono accettate senza pregiudizio. Questo richiede un cambiamento sia a livello individuale sia collettivo, promuovendo l'accettazione, la comprensione e la cura di sé.

CONCLUSIONE

In conclusione, il viaggio attraverso il mondo della flatulenza ci ha offerto non solo una visione della sua gestione e delle sue implicazioni, ma ha anche aperto una finestra sull'accettazione della natura umana nella sua interezza. La flatulenza, come aspetto della salute umana, merita attenzione e comprensione. Questo libro spera di aver contribuito a rompere il tabù e a incoraggiare un dialogo più aperto e sano, portando verso un futuro dove la salute intestinale e il benessere umano sono integrati pienamente nella tessitura della vita quotidiana.

Se pensi che questo libro ti sia piaciuto e ti abbia aiutato ti chiedo solo di dedicare pochi secondi a lasciare una breve recensione su Amazon!

Grazie,

Elio Puzzetti